문화산업의 노동구조와 아이돌

방송문화진흥총서 188
문화산업의 노동구조와 아이돌

초판 인쇄 2018년 11월 25일
초판 발행 2018년 11월 30일

지은이 이종임
교정교열 정난진
펴낸이 이찬규
펴낸곳 북코리아
등록번호 제03-01240호
주소 13209 경기도 성남시 중원구 사기막골로 45번길 14
우림2차 A동 1007호
전화 02-704-7840
팩스 02-704-7848
이메일 sunhaksa@korea.com
홈페이지 www.북코리아.kr
ISBN 978-89-6324-629-1 03300

값 15,000원

* 이 책은 MBC 재단 방송문화진흥회의 지원을 받아 출간되었습니다.

* 이 도서의 국립중앙도서관 출판예정도서목록(CIP)은 서지정보유통지원시스템 홈페이지(http://seoji.nl.go.kr)와 국가자료종합목록시스템(http://www.nl.go.kr/kolisnet)에서 이용하실 수 있습니다. (CIP제어번호 : CIP2018039194)

방송문화진흥총서 188

문화산업의 노동구조와 아이돌

idol

kpop

이종임 지음

북코리아

PREFACE
머리말

JTBC의 〈같이 걸을까〉는 아이돌 그룹 god 멤버들이 출연해 스페인 산티아고 순례길을 걷는 과정을 담은 리얼리티 프로그램이다. 1999년 데뷔해 대중의 큰 사랑을 받았던 god는 현재 각기 다른 영역에서 각자의 활동을 이어나가고 있다. 거의 20여 년의 시간이 흐른 2018년, 함께 방송 프로그램을 촬영한다는 사실이 출연자들에게는 매우 특별해 보였다.

방송에서 god 멤버들은 과거의 아이돌 가수로 데뷔해 활동하던 시기를 자주 언급한다. "정말 힘들었지. 그땐 우린 거지였어"라며 준비기간을 회상하곤 한다. 서로 격려하며 시간을 이겨내려고 하지만, 산티아고 순례길을 걷는 일은 생각보다 쉽지 않았다. 그들이 힘들어 지쳐 있을 때, 제작진은 '재민이'에게 전화를 건다. 모바일 화면 속 '재민이'를 본 멤버들은 더욱 먹먹한 표정을 짓는다. 2000년, 리얼리티 프로그램의 시작이라고 할 수 있는 MBC 〈god의 육아일기〉를 통해 만났던 재민이와 통화하면서 그들은 더욱 상념에 빠진 표정을 지었다.

god 멤버 중 박준형은 토크쇼에 출연해 데뷔 준비기간에 얼마나 힘들었는지를 이야기하곤 했다. 하지만 토크쇼를 통해 전달되는 이야기들은 과거의 에피소드, 싱공을 위해 낭연히 거쳐야만 하는 과정으로 인식되는 것 이상의 내용을 전달하지는 못한다.

사실 그동안 많은 아이돌 가수들은 TV 토크쇼에 출연해 힘들었던 데뷔 준비기간이나 활동과정에서의 어려움 등을 토로해왔다. 하지만 구체적으로 기획사에서 아이돌 가수들을 어떤 방식으로 캐스팅하는지, 트레이닝 방식은 어떻게 이루어지는지, 그리고 기획사와 맺는 계약서 내용은 무엇인지 등의 구체적 내용보다는 항상 힘들었던 과거와 견뎌야만 하는 극복사례로서의 기획사 생활로 이야기는 정리된다.

JTBC 〈슈가맨〉에 출연했던 가수들은 "정산을 꼭 확인해야 한다"고 후배들에게 당부하거나, "가수 활동이 너무 힘들어서 잠수를 탔다"는 등의 에피소드를 이야기한다. 하지만 이런 에피소드만으로는 과거와 현재의 문화산업, 대중음악, 그리고 가수들이 어떤 방식으로 무대 위의 활동을 기획하고 이어나가는 것인지 차이를 살펴보기는 쉽지 않다.

최근 국내 TV 채널에서는 과거의 인기 아이돌 가수들이 소환되어 팬들과 만나는 프로그램이 제작되기 시작했고, 이에 힘입어 H.O.T.와 젝스키스는 콘서트를 개최하기도 했다. 그리고 글로벌 미디어 플랫폼 속 국내 아이돌 가수들은 케이팝(K-pop)이라 불리는 대중음악으로 전 세계의 팬들과 만나고 있다. 한류문화산업을 육성하려는 국가의 정책, 관련 기업들의 참여를 두고 상업적인 수익률만을 고려한 행보라고 비판을 받기도 하지만, 여전히 한류는 '문화'로서의 강력한 영향력을 지니고 있으며, 주목해야 하는 문화현상이다. 특히 케이팝을 통해 이해와 소통의 '장'으로서의 역할을 하고 있는 점이 그렇다.

문화의 향유는 억지로 되는 것이 아니다. 팬들의 자발적 참여와 공감이 전제되지 않는다면, 지금의 대중문화산업 구조에서 한류문화는 '성공'이라는 단어와 만나기 쉽지 않다. 한류문화는 케이팝이라 불리면서 또 다른 색깔, 과거와 조금 결이 다른 팬들의 능동성을 보여주고 있다. 국내 많은 아이돌 가수들의 해외 팬들을 통해서도, 언어와 문화가 달라도 음악이라는 채널만으로 소통이 가능한 시대에 우리는 살고 있으며, 지금의 한류문화가 유발하는 다채로운 문화의 결을 눈으로 확인하고 있다.

한류문화의 형성방식과 팬들의 콘텐츠 소비방식, 문화교류가 유발하는 문화정치적 의미와 가치 등은 그동안 꾸준히 논의되어왔다. 하지만 이제는 그동안 외면해온 문화산업 종사자들의 창작환경, 노동환경도 함께 논의해야 할 때가 되었다.

문화산업은 음악뿐만 아니라 드라마, 영화, 뮤지컬, 게임 등 다양한 장르의 콘텐츠로 구성된다. 그리고 이러한 분야에서 창작활동을 하고 있는 종사자들의 수도 해마다 늘고 있다. 케이팝의 경우, 해마다 데뷔하는 아이돌 그룹도 많지만, 아이돌 가수가 되기 위해 준비하는 아이돌 연습생들의 수도 적지 않다. 방송에서 볼 수 있는 아이돌 오디션 프로그램이 적지 않다는 것에서도 추측할 수 있다. 10대와 20대가 적극적으로 지원하고, 그들이 만들어나가는 것이 한류문화의 중요한 동인이자 힘일 것이다.

따라서 이 책은 현재 케이팝을 중심으로 형성되는 한류문화의 가치와 이렇게 오랫동안 계속 대중의 관심을 받을 수 있는 이유는 무엇인지를 살펴보려고 한다. 한류문화의 형성과정을 '우연한 문화현상'이나 '민족적이고 경제적 시각'에서 논하는 방식보다는 한류문화 콘텐츠가 어떤 방식으로 생산되는지, 아이돌 가수의 활동이 갖는 문제는 무엇인지 등을 구체적으로 논의하고자 한다.

이 책의 1장에서는 한류문화산업보다는 좀 더 본질적인 논의로서 문화산업과 문화노동에 대한 이론적 논의를 제시했다. 문화산업의 노동환경을 살펴보기 위해서는 예술과 문화 그리고 노동이라는 세 가지 키워드가 어떤 방식으로 지금의 문화로 발달하게 되었는지 그 과정을 살펴보았다.

2장에서는 문화산업으로서의 한류, 그리고 최근 케이팝을 통해 주목받고 있는 아이돌 문화에 대해 살펴보았다. 전 지구화 시대 문화교류의 결과이자 과정으로서의 한류가 갖는 문화적 가치, 그리고 아시아 지역을 넘어서 전 세계에서 주목을 받게 된 케이팝의 특징, 그리고 케이팝이 어떤 문화교류의 '장'을 형성하였는지를 제시했다.

3장에서는 최근 몇 년 사이 아시아뿐만 아니라 전 세계에서도 주목하고 있는 중국 문화산업의 성장이 국내 문화산업과 콘텐츠 제작 시스템에 미친 영향력을 살펴보았다. 드라마 〈별에서 온 그대〉를 시작으로 중국에서 한류열풍이 일었지만, 한국의 사드 배치 이후 관계가 급격하게 냉각되면서 나타난 변화를 중심으로 논의했다. 또한 국내 문화산업시장에 적극적으로 뛰어들었던 중국 자본이 철수하게 되면서 국내 엔터테인먼트 기획사와 제작사 운영에 미친 영향, 국내 전문 제작인력과 제작방식의 수출 등이 갖는 의미 등을 제시했다.

4장에서는 아이돌 그룹 방탄소년단의 미국 진출과 글로벌 팬덤 형성을 중심으로 아이돌 산업이 어떻게 글로벌시장을 구축하게 되었는지를 살펴보았다. 음악시장이 디지털 음원 중심으로 구축되고, 팬들의 음악 소비방식이 유튜브 등의 글로벌 미디어 플랫폼으로 이동하면서 빠른 시간에 팬덤이 형성될 수 있었던 미디어 생태계의 변화도 함께 주목했다.

5장에서는 아이돌 가수가 탄생하기까지의 과정, 그리고 방송사와 엔터테인먼트 기획사가 협업해 생산되는 콘텐츠의 의미 등을 분석했다. 아이돌 가수의 활동반경도 넓어지고 있지만, 엔터테인먼트 기획사가 콘텐츠를 제작하는 사례도 늘어나고 있는 이유 등을 제시했다.

6장에서는 아이돌 가수가 미디어를 통해 형성하는 이미지 구축방식과 미디어 콘텐츠의 문화적 의미 등을 살펴보았다. 섹슈얼리티의 상징적 기호를 적극적으로 활용하는 뮤직비디오, 일상적이고 현장감을 극대화하는 오디션 프로그램, 친근감을 형성할 수 있는 리얼리티 프로그램이 팬덤을 형성하거나 젠더 스테레오타입을 구축하는 데 큰 영향을 미친다는 것을 제시했다.

7장에서는 아이돌 가수 활동을 감정노동이나 문화노동으로 규정할 수 있는지에 대해 관련 연구담론을 살펴보았다. 아이돌 가수뿐만 아니라 드라마, 영화, 게임 등 문화산업 영역에 포함되는 산업 영역에서 수행되는 활동은 노동 문제와도 뗄 수 없는 것임을 제시했다.

문화는 끊임없이 이동하고 교류하며 생산되는 정신적 · 물질적 산물이다. 한류는 국내에서 제작한 문화콘텐츠가 문화와 언어가 다른 이용자들이 소통하고 문화를 교류할 수 있게 만드는 중요한 기반이다. 최근에는 드라마뿐만 아니라 케이팝을 통해 국내 아이돌 산업이 갖는 경쟁력이나 아이돌 가수들이 지닌 예술적 완성도 또한 높은 평가를 받고 있다.

하지만 이와 함께 한류산업의 성장과 케이팝 문화의 확산이 아이돌 가수 개인(그룹)의 노력이나 좌절, 성공으로만 논의되어 온 기존의 국내 성공담론은 이제 바뀌어야 한다. 기획사와 개인의 계약관계, 미디어 채널에서 이미지를 구축하는 방식, 아이돌 가수로서의 감정과 정서 소모 등의 이슈들도 함께 논의되어야 할 것이다. 이를 위해서는 아이돌 산업과 관련한 구체적인 조사와 분석이 이루어져야 하는데, 아쉽게도 이 책에서는 관련 예술노동과 문화노동 관련 주요 이론적 논의와 함께 언론을 통해 보도된 이슈의 문화정치적 논의를 정리한 상태다. 이 과제는 문화연구자들과의 공동작업을 통해 이후 연구에서 이어나가고자 한다.

이 책이 나오기까지 많은 분의 도움이 있었다. 문화연구라는 학문적 선택과 고민을 함께 나눌 수 있는 많은 선배와 동료들과의 치열한 토론, 격려가 있었기에 책이 출간될 수 있었다. 특히, 한류문화를 이끄는 아이돌 가수들의 노동환경과 문화생산과정에 대한 책의 출간이 가능하도록 도움을 주신 MBC 재단 방송문화진흥회에도 감사드린다. 그리고 이 책의 편집, 교정, 출간 과정에 꼼꼼하게 신경을 써주신 북코리아 이찬규 대표님께도 감사드린다. 무엇보다 삶의 가치와 문화정치적 실천의 원동력이 되어주는 문화연대 원용진, 임정희 공동대표님, 이동연, 정용철 공동집행위원장님, 집행위원 선생님들, 그리고 활동가들에게도 감사하는 마음을 전하고 싶다. 마지막으로 늘 사랑으로 나를 응원해주는 가족들과 연구자의 길을 가는 아내를 위해 격려를 아끼지 않는 남편과도 책 출간의 기쁨을 함께 나누고 싶다.

2018년 11월

이종임

CONTENTS
차례

INTRO
들어가며

현재 한류문화를 이끄는 분야는 드라마가 아니라 '케이팝(K-pop)'이라 불리는 대중음악이다. 한류로서의 케이팝은 2000년대 중반부터 국내의 대중음악, 특히 아이돌 가수 중심의 음악이 아시아 지역에서 큰 인기를 끌었고, 문화산업으로서의 해외시장 진출 성공과 한국을 대표하는 문화라는 두 개의 키워드로 설명되어왔다.

이후 현재까지 아이돌 가수의 해외 성공 사례는 꾸준히 주목받았지만, 2017년은 다른 어떤 해보다 케이팝이 소셜미디어 플랫폼 속 중요한 콘텐츠로 등장한 한 해로 기억하게 될 것이다. 보이그룹 방탄소년단은 글로벌 팬덤의 적극적 지지로 미국 음악시장에서도 주목받는 기현상을 낳았고, 가수 싸이를 잇는 케이팝의 성공 사례로 기록되고 있다. 방탄소년단은 2017년, 2018년 2년 연속 빌보드 어워드에서 톱 소셜 아티스트상을 수상했고, 이후 2018년 5월 27일 '빌보드 200'에서 1위를 차지했다. 2018년 하반기에는 미국의 유명 토크쇼 프로그램에 출연하고, 미국과 유럽에서의 공연도 성공적으로 마쳤다.

한국 가수의 음악이 국내뿐 아니라 해외에서도 주목받게 된 이후 유튜브 같은 플랫폼 채널이 지닌 영향력에 대해서도 다시 한번 숙고하게 했다.[1] 이처럼 팬덤의 활동이 스타의 위치를 유지하는 데 중요한 영향을 미치게 되면서 소셜 네트워크를 통해 스타와 팬, 기획사와 팬이 함께 소통하는 방식을 선택하는 것은 중요한 화두가 되었다.

글로벌 스타라 불리던 가수 싸이의 활약 이후 한국의 음악 시장도 크게 변화했다. 방송에서는 대형 기획사들이 자사의 아이돌 연습생 간 경쟁을 통해 그룹을 결정하는 오디션 프로그램을 지속적으로 기획했고, Mnet은 〈프로듀스101〉 시즌1과 시즌2를 통해 대규모 아이돌 연습생들의 오디션 프로그램으로 채널 밖의 시청자를 TV 화면 앞으로, 그리고 스마트폰 이용자를 시청층으로 끌어들이는 데 성공했다. 그리고 아이돌 가수 오디션 프로그램이 주로 케이블 채널에서 제작되어왔다면, 현재는 지상파

1 보이그룹 방탄소년단은 글로벌 팬덤인 아미(ARMY)와의 적극적 소통, 그리고 유튜브를 앨범 홍보에 중요한 수단으로 적극 활용하는데, 특히 뮤직비디오의 완성도로 타 그룹과의 차별성을 높이고 그룹의 일상생활 관련 영상을 팬들과 공유하는 것 등으로 팬덤의 적극적 활동에 화답했다.

프로그램까지 가세해 대중의 관심에 부응하기 위한 노력을 하고 있다.

이렇게 아이돌 가수 중심의 케이팝 열풍에 국내의 많은 엔터테인먼트 기획사, 지상파 방송사, 케이블 채널 등이 미디어 채널에 주목하는 이유는 국내 문화산업의 특징과도 밀접한 연관성이 있다. 대중음악시장의 수익구조가 음원 발표만으로 경제적 수익을 얻기 힘든 구조라는 점이 크게 작용하면서 해외 음반시장으로 눈을 돌리게 되었고, 비교적 짧은 기간에 큰 수익을 얻을 수 있다고 평가되는 아이돌 가수 양성에 집중하고 있기 때문이다.

음악 콘텐츠는 문화산업의 중요한 영역이면서 미디어 플랫폼의 중요한 콘텐츠이기도 하다. 통신사, 미디어 플랫폼, 유통사, 아이돌 기획사 그리고 팬덤까지 다양한 층위의 이익 관계와 수용자가 복잡하게 얽혀 있는 콘텐츠 시장이자 산업이 바로 음악 산업이다.

문화산업의 새로운 블루오션으로서 드라마와 케이팝이 형성하는 문화로서의 한류에 대해 다양한 정책과 산업적 지원이 이루어지고 있지만, 정작 아이돌 가수가 어떤 환경에서 활동을 유지하고 있는지, 아이돌 가수와 기획사의 계약관계, 수많은 채널에 노출되는 아이돌 가수의 노동환경 등에 대해서는 거의 논의되지 않고 있다. 이는 기획사가 계약관계를 공개하지 않는 점, 그리고 아이돌 가수의 이미지를 고려해 가수나 기획사 모두 스스로의 업무환경을 공개할 수 없는 특수성에 따른 것이기도 하다.

대중의 인기를 얻었을 때 기획사가 수익구조에 집중해 활동하는 것에 우리 사회가 암묵적으로 동의하게 되면서 아이돌 가수의 무리한 스케줄로 인한 건강악화나 정신적 고통 등은 거쳐야 할 의례일 뿐 개선되어야 할 문제로 인식되지 않는다. 그리고 이러한 상황은 아이돌이 연습생 시절부터 기획사의 빚을 떠안게 되는 비정상적인 계약구조를 '성공신화'로 대체하는 인식을 갖게 한다. 불평등한 계약, 무리한 스케줄 수행 등은 성공을 위해 당연히 거쳐야 하는 과정이자 단계로 인식한다는 뜻이다. 아이돌 가수와 케이팝 산업에 지원하는 주요 대상이 10대와 20대인데, 이들은 기성세대가 요구하는 비정상적인 계약관계와 업무수행, 산업구조의 수익률로 대체되는 감정노동[2]과 창의노동 방식이 갖는

2 혹실드(Hochscild)는 감정노동이란 "소비자가 우호적이고 보살핌을 받고 있다는 느낌을 만들어낼 수 있도록 외모와 표정을 유지하고 자신의 실제 감정을 억누르거나 실제 감정과 다른 감정을 표현하는 등 감정을 관리하는 노동"이라고 정의했다. 기존 감정노동 연구에서는 항공(객실 승무원), 콜센터, 병원(간호), 호텔과 숙박, 여행정보업, 교육 등 업종별 연구가 이루어졌다. 원래 인간이 갖고 있는 감정의 능력을 '감정 작업(emotion work)'이라 하는데, 그 능력을 특정 목적을 위해 사용하도록 극대화하는 과정을 '감정노동'이라 부른다. 감정노동의 정의는 분명해 보이지만, 외관으로 쉽게 드러나지 않는다. 말하자면 객관적으로 관찰하여 파악하는 일이 용이하지 않다. 최근 국내에서는 아이돌 가수의 활동을 '감정노동'으로 규정하며 관련 연구가 이루어지고 있다. 아이돌의 감정노동은 연습생 시절부터 철저하게 연예제작사에 의해 관리된다. 오랜 합숙생활, 구성원 내의 철저한 역할 분담, 사생활 공개, 건강과 심리 상태에 관한 체계적인 기록과 관리를 통해 아이돌의 감정은 훈육된다. 또한 팬과 미디어의 시선으로부터 24시간 자유롭지 못하고

문제에 적극적으로 대처할 수 없는 사회적 위치에 놓여 있다.

따라서 이 책에서는 드라마 〈겨울연가〉의 우연한 인기로 본격화된 한류문화가 케이팝으로 그 대상이 이동하고, 아시아 팬덤을 넘어 글로벌 팬덤과의 교류가 중요해진 상황 속에서 아이돌 가수의 육성과정과 미디어 채널의 전략, 음원구조의 공정한 유통채널 구축, 그리고 아이돌 가수의 노동환경에 대해서도 살펴봐야 함을 논의하고자 한다.

〈프로듀스101〉 시즌2를 통해 데뷔한 워너원(Wanna One)의 강다니엘은 다른 멤버들보다 특히 폭넓은 팬덤을 지니고 있다. 그래서인지 데뷔 이후 TV 속 채널에서는 강다니엘의 단독 출연 예능 프로그램이 줄지 않고 계속되었다. 하지만 정작 강다니엘의 프로그램 출연과 공연이 하루 일상생활에서 차지하는 활동시간, 즉 노동환경에 대해서는 어느 누구도 언급하지 않는다. 데뷔 후 짧은 기간 동안 큰 수익을 얻어야 한다는 것은 기획사나 팬들, 그리고 가수 자신도 잘 알고 있기 때문이다. 그러나 언제까지 이러한 문화산업의 수익구조를 가져갈 수 없다. 또 다른 아이돌 그룹이 인기를 끌면, 이러한 문제는 다시 사라질 것이기 때문이다.

이제는 하나의 이슈로 다른 이슈를 묻어버리는 방식이 반복

자신의 감정을 드러내지 못하는 생활은 또 다른 노동을 수행하는 것이라 할 수 있다. 이종임(2018), 《아이돌 연습생의 땀과 눈물》, 서울연구원, 22쪽.

되어서는 안 된다.[3] 그럼에도 이러한 문제가 해결되지 못하는 이유는 결국 수익구조와 기획사와 아이돌 간 경쟁 심화 때문이다. 매년 데뷔하는 아이돌 그룹도 적지 않고, 현재 활동하는 아이돌 그룹도 있기 때문에 팬들의 뜨거운 관심을 받는 팀의 경우, 멤버 개인의 건강이상 문제는 금방 잊힌다. 문제는 최근 몇 년 사이 아이돌 그룹의 멤버가 건강상의 이유로 탈퇴하거나 휴지기를 갖는다는 관련 기사가 적지 않다는 점이다.

화려한 무대 위의 모습, 젊고 활기찬 일상생활을 담은 리얼리티 쇼를 통해 우리가 상상하는 아이돌 그룹의 이미지를 접하게 되지만, 우리가 주목해야 하는 것은 문화산업 내에서 수행되는 노동에 대한 심층적인 논의가 이루어져야 한다는 점이다. 무엇보다도 기획사 중심의 문화와 산업이 형성되는 과정에서 수행되는 계약서와 아이돌의 관리 방식에 대한 특수성에 대해 논의가 필요하다.

따라서 이 책에서는 아이돌을 조금 다른 시각에서 살펴보고자 한다. 기획사의 수익구조와 아이돌 가수 양성 노하우가 공개할 수 없는 중요한 영업비밀로 논의되지만, 실제로는 비정상적인 방식의 업무관행으로 규정되면서 공개되지 않은 내용을 짐작

3 최민호, "강다니엘 언젠간 터졌을 건강문제, 무리한 스케줄 보니…", 《헤럴드경제》, 2017. 12. 6.

만 할 수 있을 뿐이다. 그러나 케이팝이 한국의 대중문화산업에서 중요한 영역을 차지하게 되면서 긍정적 영향뿐만 아니라, 아이돌 가수로서의 활동 과정에서 겪게 되는 문제들도 많이 드러나고 있다. 노동구조를 분석하기 위해서는 아이돌산업의 등장배경과 발전과정, 그리고 현재 문화산업의 특징을 살펴봐야 할 것이다. 이를 위해 기존의 미디어 생태계 변화, 팬덤과 아이돌 가수의 특수한 관계, 그리고 아이돌 가수의 활동 과정에서 드러나는 문제 등을 중심으로 살펴보고자 한다.

1장
문화산업과 문화노동

2017년 12월, SBS 모비딕과 YG케이플러스가 함께 제작한 드라마 제목은 〈비정규직 아이돌〉이다. 아이돌 그룹의 데뷔과정을 그린 드라마이지만, 제목에 '비정규직'이라는 단어로 아이돌을 표현한다는 점은 흥미롭다. 아이돌 가수는 기획사에 소속되어 있지만, 정규직은 아니다. 통상적으로 한국사회에서 고용과 피고용인의 관계는 정규직인지 비정규직인지에 따라 처우와 누릴 수 있는 권리가 큰 차이를 지닌다. 하지만 문화산업 구조에서는 아이돌 가수의 활동을 노동으로 봐야 할지, 문화예술활동으로 봐야 할지 정의하기란 쉽지 않다.

무대 위 완벽한 군무를 보여주며 엄청난 팬덤을 이끄는 아이돌 가수는 말 그대로 문화적 영향력을 지닌 스타다. 하지만 이와 동시에 언론에서는 기획사와 계약관계, 하루 노동시간, 사생활 문제, 인권침해 등 다양한 이슈를 해결해야 할 문제로 지적한다. 특히 아이돌 연습생을 대상으로 이루어지는 계약과 트레이닝 방식에 대한 문제는 계속 지적되어왔다.

국내의 경우, 아이돌 연습생의 양성 과정은 좀 특별한데, 연습생 기간 동안 기획사의 지원 비용을 '빚'(비용)으로 떠안으며 데뷔를 준비한다. 데뷔 이후에는 빚을 갚기 위해 기획사가 제시하는 무리한 스케줄을 소화해야 한다. 대부분 불공정한 계약이지만, 기획사와 아이돌 가수/아이돌 연습생 간의 계약관계는 비공개가 원칙이며, 성공한 이후 얻게 되는 큰 수익은 계약관계가 담고 있던 많은 문제를 모두 잊게 만들기 때문에 문제는 개선되지 않고 계속 반복된다.

이미 문화산업의 노동이 지닌 문제를 해결해야 한다는 주장은 꾸준히 제기되어왔다. 그 시작은 영화제작 현장이었다. 영화제작 현장에서 수행되는 장시간 노동이나 임금문제로 고통받는 스태프들이 늘어나면서 이를 해결해야 한다는 담론이 형성되었고, 이러한 논의가 결실을 맺게 되었다. 2013년 '표준근로계약서'가 작성되었고 영화제작 현장에 참여하는 스태프들에게 적용되고 있기 때문이다. 한류문화를 논할 때, 언론에서는 드라마의 해외 판매 수익이나 출연 배우들의 출연료 상승 문제는 꾸준히 보도해왔지만, 현장에 참여하는 스태프들의 처우에 대해서는 최근에서야 관심을 갖기 시작했다.

화려한 무대 위에서 뛰어난 안무를 보여주고, 수많은 예능 프로그램을 넘나드는 아이돌 가수도 방송 스태프들과 크게 다르지 않다. 미디어에서는 대부분 아이돌 가수의 성공과정과 현재의 아름다운 외모, 화려하고 완벽한 무대, 그들을 지지하는 글로벌 팬덤 등의 사례만 드러날 뿐 힘든 상황에 놓여 있는 아이돌 가수에 대한 조명은 거의 이루어지지 않는다. 따라서 데뷔 준비과정에서 겪는 다양한 노동형태, 감정상태, 그리고 노동 과정에서의 복잡한 계약관계 등 세부적인 노동 문제들은 잘 드러나지 않는다. 또한 많은 오디션 프로그램에서 아이돌 연습생들이 지원하고 있지만, 방송사와의 계약관계도 명확하게 알 수 없다.

이 책에서는 아이돌 가수의 노출 전략이 성공의 비결이라는 것에 우리 모두가 암묵적으로 동의하고 있는 상황 속에서 가려져 있는 노동과정이 안고 있는 문제를 논의하고자 한다. 이를 위해 1장에서는 문화산업의 특수성과 범위, 문화노동의 특징, 그리고 한류문화산업의 주요한 주체인 아이돌 가수의 노동의 특수성과 기획사와의 계약관계 등이 갖는 문제 등을 살펴보고자 한다.

1.
예술, 노동, 예술노동

예술, 노동

예술은 인간에게, 그리고 우리 사회 속에서 어떤 대상으로 인식되어왔을까. 문화산업을 논하기 위해서는 예술과 문화, 그리고 문화를 향유하고 창작하는 인간의 존재로부터 시작해야 할 것이다. 많은 철학자들은 예술 해석에 대해 논쟁해왔다. 미적 아름다움을 창조해내는 예술가들과 이를 바라보는 관객이라는 위치는 시간이 흐르고 사회가 변화하면서 동시에 많은 사람들이 즐길 수 있는 문화산업으로 확장되었다. 문화산업은 예술의 창작행위에 대한 이해에 고민을 안겨주었다. 창작행위와 무엇인가를 만드는 창작행위에 소요되는 시간과 열정을 화폐로 계산할 수 있는 방식으로 노동으로서의 예술을 읽기 시작했다.

예술은 총체적 현실 속에서 인간의 능력을 충족시켜줄 수 있는 세계를 창조하려는 역사적 노력의 일부이며, 사회적 생산 또는 노동의 일부다. 아도르노는 예술을 사회적 노동의 일부로 간주한다. 그러나 아도르노에게 예술은 가능한 것, 아직 존재하지 않는 것, 잠재적인 어떤 것으로서의 생산력으로 이해되며, 물화된 것으로 간주되었던 여타의 사회노동과는 구분되었으므로 극소수에게만 가능했던 특수한 생산력으로 인식되었다. 예술은 성공적인 위대한 작품에서만 실현될 수 있는 것으로, 그것도 부정적인 방식으로서만 제한되었다.[1]

아도르노는 예술이 계몽의 지배가 닿지 않는 요술적인 면과 많이 닮았다고 말한다. 구체화되기 어려운 곳에 예술이 있다는 것이다. 즉 "세속적 현존재와의 관련이 멀고 독자적이며 자체로 격리된 분야"에 예술이 있으며, 세상으로부터 격리된 그 점이 바로 예술의 요술적 힘을 깊게 한다는 것이다. 이 점이 부분들로 분리되는 현실의 대상물들과 달리 '전체'를 포함하고 있다. 따라서 예술이라는 외형적 형태는 정신적인 것이고, 정신적인 전체성을 갖고 있어서 절대적 위엄을 주장한다. 아도르노는 이를 설명하기 위해 '오디세이'를 가져온다.

1 심광현(1986), "예술(작품)의 자율성과 사회적 실천(노동)으로서의 예술", 《헤겔연구》 3, 122-124쪽.

오디세이는 바다요정의 유혹을 벗어날 수 있는 두 가지 가능성을 알고 있었다. 하나는 동행자들에게 지시를 내려 밀랍으로 귀를 막고 온 힘을 다해 노를 젓게 한다. 생존하려고 하는 자는 돌이킬 수 없는 유혹에 귀를 기울여서는 안 된다. 또 다른 가능성은 자신을 위해 다른 사람들에게 일을 시키는 땅주인인 오디세이 자신이 선택한다. 그는 듣지만 돛대에 매달려 힘을 쓸 수 없다. 그는 유혹이 클수록 그만큼 자신을 더 강하게 끈으로 묶는다. 들은 것은 그에게 아무런 자취도 남지 않는다. 그는 머리의 동작으로만 자신이 매인 것을 풀라고 신호할 수 있다. 그러나 때는 늦었다. 노래를 스스로 들어보지 못한 동행자들은 그 노래의 위험성에 대해서만 알고 있었을 뿐 그 아름다움에 대해 알지 못하고 자신들과 오디세이를 구하기 위해 그를 돛대에 그대로 놓아둔다.[2]

돛에 묶여 있는 오디세이는 예술을 즐기는 자이며, 오디세이는 음악회 청중처럼 미동도 하지 않고 귀를 기울인다. 해방을 향한 그의 열광적 외침은 갈채로 메아리처럼 사라진다. 오디세이가 청중이라면 바다요정은 예술가다. 이 예술가 역시 상류층 사람처럼 실제로 일을 하지 않는다. 예술가들은 인간의 자연본

2 홍정수(1989), "아도르노의 철학", 《장신논단》 5, 1989, 309-310쪽.

성을 상징한다.

예술가들의 노래는 인간의 희망과 바람을 담고 있지만, 이를 위험한 유혹으로 금기시하며 노를 젓는 사람들은 이를 듣지 못한다. 상류층 이외의 사람들은 노래의 아름다움을 알지 못하고 노래의 위험성만 알게 된다. 그 아름다움을 아는 사람은 오디세이처럼 상류층의 사람이다. 상류층의 사람들은 밧줄을 풀고 싶다고 외치지만 공허한 메아리로 사라진다는 것이다. 결국 예술은 사실인 것을 모방하지만, '사실적인 것' 자체가 아니라 그 이상의 것을 지향한다는 것을 우리는 알 수 있다.

또한 예술이란 노동의 적극적인 측면을 연장시킴으로써 인간의 창조적 역량을 드러내 보여주는 활동이라는 생각은 예술을 어떤 특수한 이즘에 국한시키지 않고 그 경계를 무한히 연장하는 것을 허용한다. 예술작품은 역사를 통해 수행했던 것 같은 실로 다양한 기능 — 이데올로기적 · 사회적 · 교육적 · 표현적 · 인식적 · 장식적 기능 등 — 을 수행할 수 있다. 하지만 이러한 모든 것은 인간에 의해 창조된 대상이라는 것을 잊어서는 안 된다. 그것에 관련되어 있는 것이 내적 현실이건 외적 현실이건 예술작품은 무엇보다 인간의 창조물이자 새로운 현실이다. 그러므로 예술의 본질은 인간의 노동에 의해 이미 만들어진 현실을 더

확대하고 풍요롭게 하는 일이라고 할 수 있다.[3]

문화산업의 노동구조가 갖는 특징은 예술가 자신이 노동자들의 평균임금보다 낮은 보수를 받으면서도 이를 불평하기는커녕 기꺼이 작업하려는 것과 닮아 있다. 영화 · 드라마 제작, 게임 개발, 아이돌 가수 등 많은 산업영역에 종사하고 있는 종사자들 역시 다르지 않다. 예술창작의 즐거움이 경제적 빈곤을 감내할 수 있으며, 예술가들만이 느낄 수 있는 보상이라고 말하는 것은 문화산업 내에서 문제로 드러나고 있는 상황에도 그대로 적용되고 있기 때문이다. 이를 설명하기 위해 자본주의가 예술 영역에서 예술가들을 어떻게 착취하고 있는지 살펴봐야 한다.

예술-문화가 상품사회의 중요한 측면으로 부상하면서 산업현장에서 일하는 생산자들에게 일상적으로 예술가일 것을 요구하고 있다. 생활세계와 예술세계가 명확하게 구분되지 않고, 노동자는 자신의 의지와 상관없이 점점 예술가의 성격을 띠게 된다. 그리고 소비자는 예술가의 노동과정의 결과물인 작품을 상품으로 탈바꿈하며 더 뛰어난 작품일 것을 요구하는 예술적 향유세계로서의 성격을 갖게 된다. 하지만 예술문화산업에 종사하는 예술가/노동자들은 치열한 경쟁 환경에 놓여 있다. 자신의 노동력을 일상적으로 재구성하고 예술적으로 개량해야 함을 강요

3 앙리 아르봉(1981), 《마르크스주의와 예술》, 오병남 외 옮김, 서광사, 169쪽.

받는다. 그리고 이러한 경쟁 환경은 문화산업 내에서도 다르지 않다. '문화 콘텐츠'라 불리기도 하는 문화상품을 생산하는 노동자는 모두 자신의 노동으로부터 더 높은 부가가치를 생산하지 않으면 안 되는 기업가이자 노동자로 살아가야 하는 모순적 위치에 놓여 있다.

조정환(2015)[4]은 현대사회의 예술과 노동, 예술가와 기업가 등 모순적인 두 개의 사회적 위치가 한 개인인 노동자에게 강요되는 신자유주의 사회 속 예술가의 노동환경을 푸코(M. Focault)의 '자기 테크놀로지'로 설명한다. 자기의 테크놀로지(technologies of the self) 속에서 '자기인식'과 '자기배려'라는 두 가지 경향을 비교하면서 자기인식의 문화가 연극적이고 상징적인 성격을 띠고 자기배려의 문화는 직접적이고 수행적인 성격을 띠었음을 반복해서 강조한다.[5]

조정환은 근대예술의 발전과정에서도 이와 유사하게 두 경향의 긴장과 갈등을 확인할 수 있다고 본다. 제도화된 주류예술은 자기인식의 테크놀로지처럼 구경꾼, 관람객, 독자 등에게 보여주기 위한 작품을 생산하는 예술양식을 구축해왔다. 이러한 예술 생산양식에서 예술가는 수용자에게 보여줄 독립된 물적 대

4 조정환(2015), 《예술인간의 탄생》, 갈무리, 38-48쪽.

5 미셸 푸코(2002), 《자기의 테크놀로지》, 이희원 옮김, 동문선, 34-55쪽.

상을 만들어내며, 그 대상은 예술가에게서 소외되어 영구불변한 예술적 가치를 지닌 것으로 감상되고 거래되고 소유되었다는 것이다. 이는 노동자가 자신이 생산한 상품으로부터 소외되듯이 예술가도 자신이 생산한 작품에서 소외됨을 의미한다. 노동소외를 야기하는 자본주의의 착취시스템이 예술영역, 문화상품의 창작영역에도 그대로 적용되고 있다는 점이다.

마르크스도 노동소외를 논의하며 이 점을 지적했다.[6] 자본주의 사회의 화폐 중심 체계가 노동소외의 본질적 이유이며, 화폐의 체계는 노동과 노동자를 분리한다는 것이다. 노동은 부자들을 위해서는 기적을 생산하지만 노동자를 위해서는 궁핍을 생

6 마르크스가 말한 노동의 소외는 다음과 같다.
첫째, 노동의 생산물에 대한 소외다. 노동이 생산하는 대상, 즉 노동의 생산물은 노동에는 하나의 낯선 존재로서, 생산자에게는 독립된 힘으로서 노동에 대립한다. 둘째, 노동 활동에서 소외, 즉 노동이 노동자의 본질에 속하지 않는 이유 때문에 노동자는 노동 속에서 행복을 느끼지 못하며, 외부에서야 비로소 자기 곁에 있다고 느낀다. 노동하지 않을 때는 집에 있는 것처럼 편안하고, 노동을 할 때는 편하지 않다. 그런 이유로 노동은 어떤 욕구의 만족이 아니라 노동 바깥에 있는 욕구를 만족시키기 위한 수단일 뿐이며, 강요된 강제노동이다. 셋째, 유적 존재로부터의 인간 소외로 인간은 유적 존재로서 노동을 통해 자기 삶을 실현시킬 수 있는데, 소외된 노동은 인간에게 유적 생활을 개인생활의 수단으로 만든다. 넷째, 인간에 의한 인간의 소외다. 일반적으로 인간이 자기 자신과 맺는 일체의 관계는 인간이 다른 인간에 대해 맺고 있는 관계 속에서 실현되고 표현된다. 하지만 소외된 노동의 관계 속에서 각각의 인간은 자신이 노동자로서 존재하는 척도와 관계에 따라 다른 사람을 본다. Karl Marx, "Economic and Philosophic Manuscripts of 1844," in *Collected Works of Karl Marx & Frederick Engels* (2005), Vol. 3: 1843-1844 (New York: International Publishers), 235-246; 강성화, "마르크스-철학수고",《철학사상》5(8)(별책), 24-32쪽을 참고하여 재정리.

산하고, 노동은 기계를 통해 노동을 보충하지만 일부 노동자는 야만적인 노동으로 몰리고, 다른 일부 노동자들은 기계가 될 뿐이라고 설명한다.

앙리 아르봉(1981)은 예술은 노동의 가치를 재현할 뿐 아니라 노동의 특수한 행위로 독립적 · 자율적 · 미적 가치를 지닌다고 보았다. 이동연(2015)은 앙리 아르봉의 논의를 적용해 한국사회 예술가들이 수행하는 노동의 독립적 · 자율적 · 미학적 가치를 추적하고 노동으로서의 창작과 창작으로서의 노동의 의미를 설명한다. 노동으로서의 창작은 창작 행위에 필요한 물리적 시간과 창작자의 육체적 · 정신적 투여의 총량과 질을 객관화하는 것을 의미하며, 창작으로서의 노동은 노동의 특수한 미적 가치를 생산하는 행위로서의 육체적 · 정신적 노동 일반을 매개한 창조적 활동이다. 따라서 예술노동은 노동과 별개의 것이 아니라 노동의 특수한 행위로서 창조적 가치를 생산하는 것으로 정의할 수 있다는 것이다.[7] 결국 예술노동은 예술노동이 가진 특이성의 가치와 인간의 살아있는 감성적 활동으로서의 가치를 동시에 고려해야 하는 특수성을 지니고 있다고 해야 할 것이다.

7 이동연(2015), "예술노동의 권리와 사회적 자본 형성을 위한 예술행동",《문화과학》 2015년 가을호, 63쪽.

예술노동 논쟁

예술노동 논쟁 사례로는 1960년대 말 뉴욕 미술가들의 예술행동을 꼽을 수 있을 것이다. 당시 뉴욕의 미술가들은 베트남 전쟁 발발과 지속에 큰 역할을 한 자본주의와 이에 협력한 자본가이자 문화 엘리트였던 계층이 소유한 미술관을 비판하는 예술행동을 했다.[8]

미니멀리스트(minimalist)인 카를 안드레(Carl Andre)와 미니멀리스트이자 프로세스 아티스트(process artist)인 로버트 모리스(Robert Morris), 개념미술가(concept artist)인 한스 하케(Hans Haacke)는 이러한 예술행동에 깊숙이 개입한 주요 예술가들이었다. 이들은 미술의 문맥이 아닌 더 넓은 정치적 행위 영역에 위치시키기 위해 스스로 '예술노동자'로 규정했다. 예술노동자로 자처한 이들은 보수를 제대로 받지 못하는 저평가된 극소수의 인구로 자신들을 정체화했다. 카를 안드레는 미술관과 관계 맺는 예술가들의 예술행위를 '노예활동(slave practice)'이라고까지 언급하기도 했다.[9]

8 박소현(2016), "위기의 시대와 미술관의 또 다른 미래: 뮤지엄 액티비즘을 중심으로", 국제심포지엄, 《미술관 인포메틱스 심포지엄 Ⅱ》, 국립현대미술관, 39-40쪽.

9 Julia Bryan-Wilson (2009), *Art Workers: Radical Practice in the Vietnam War Era*, Berkeley and Los Angles: University of California Press, pp. 13-36; 오경미(2018), "예술노동 논쟁 재고찰: 철학적 개념 논쟁을 넘어 현장으로", 《서양미술사학회논문집》 48, 32쪽 재인용.

국내에서 예술노동에 대한 논쟁이 본격화된 것은 2012년 대중음악 산업계 창작자들이 처한 열악한 창작 환경과 불합리한 계약 조건으로 사회적 관심을 받게 된 것을 들 수 있다. 음악 산업 종사자들에 대한 처우와 지위를 향상한다는 명확한 목표 아래 문화산업 분야에서 먼저 등장했다. 예술인소셜유니온(Artists Social Union)은 조직 당시 각종 언론매체와의 인터뷰를 통해 창작자들이 처한 현실을 공론화하고 문제 해결을 통한 상황 개선의 필요성과 이 문제에 사회가 관심을 가질 것을 요구했다.[10]

예술가의 예술활동이 수입으로 직결되기란 쉽지 않다. 특히 과정도 명확하지 않다. 비정형적인 예술가의 경력 형성 과정과 예술 활동만으로 생계가 보장되지 않는다는 점은 예술가들이 미래를 단계적이고 계획적으로 설계하는 것을 불가능하게 만든다. 따라서 예술가들은 일어날 수 있는 모든 가능성에 대비하며 현재를 준비해야 한다는 것을 강조한다. 예술가들의 창작환경이 임금지급이라는 문제와 만나게 되면서 예술가들의 창작활동을 어떤 방식으로 이해할 것인지에 대한 정책이 뒷받침되어야 한다는 주장도 꾸준히 제기되고 있다. 결국 문화예술과 예술인에 대한 정의가 문제 해결의 시작일 텐데, 현재 국내의 〈예술인복지법〉 제2조에 제시된 '문화예술'과 '예술인'에 대한 정의를 살펴보

10 이대희, "예술인도 노동자… '예술인 노조' 뜬다", 《프레시안》, 2012. 8. 26.

면 다음과 같다.

1. "문화예술"이란 〈문화예술진흥법〉 제2조제1항제1호에 따른 문화예술을 말한다.
2. "예술인"이란 예술 활동을 업(業)으로 하여 국가를 문화적·사회적·경제적·정치적으로 풍요롭게 만드는 데 공헌하는 사람으로서 문화예술 분야에서 대통령령으로 정하는 바에 따라 창작, 실연(實演), 기술지원 등의 활동을 증명할 수 있는 사람을 말한다.

여기서, 〈문화예술진흥법〉 제2조제1항제1호에 나타난 '문화예술'의 정의를 살펴보면 다음과 같다.

1. "문화예술"이란 문학, 미술(응용미술을 포함한다), 음악, 무용, 연극, 영화, 연예(演藝), 국악, 사진, 건축, 어문(語文), 출판 및 만화를 말한다.

홍태화(2017)는 문화예술노동자가 처한 현실의 어려움을 극복하기 위해서는 〈노동법〉과 〈문화법〉 개선이 필요함을 주장한다. 국내 문화정책에 내포되어 있는 예술노동에 대한 규정에 허점이 많다는 것이다. 즉, 문화체육관광부 주도하에 1980년도 유네스코에서 고용예술가와 자영예술가에 대한 각각의 보장과 권리를 보장해야 한다고 규정한 내용에 따른 정책을 마련해야 한다는 것이다. 박근혜 정부에서 구상된 '예술인고용보험제도'를 전면 개편해 한국 문화예술에 종사하는 형태(노동 및 창작)를 정확하게 파악한 후 국내 현실에 적용 가능한 앙테르미탕(intermittents du spectacle)제도[11] 도입이 필요함을 주장한다.

2018년, 이러한 노력의 결과가 결실을 맺기도 했다. 2011년 시나리오작가 최고은 씨의 사망으로 예술인의 열악한 창작환경이 사회문제로 떠오른 지 햇수로 8년째인데, 예술인은 의무가입 방식으로 고용보험을 적용받게 됐다. 새로운 제도는 예술인과 사업주가 원칙적으로 50%씩 보험료를 부담하도록 했으며, 표준계약 등 근로계약에 준하는 계약을 맺는 예술인은 물론, 용역계약 체결 예술인(프리랜서)도 대상으로 확정했다. 이는 고용노동부 차관을 위원장으로 하는 고용보험위원회에서 심의, 의결됐으며 〈고용보험법〉 개정안이 시행되는 2019년 시범사업을 거쳐 확

11 프랑스의 경우, 국가상공업협회 주관하에 영화 스태프를 비롯한 문화예술노동자의 고용환경을 보장해주기 위해 실업수당의 수급요건(10개월 507시간)과 수급기간(243일)을 완화함으로써 실질적인 사회안전망으로서 실업급여제도(앙테르미탕, intermittents du spectacle)를 운용하고 있다. 하성태, "'굶어죽은 불쌍한 최고은'… 이게 다가 아니다… 고 최고은 감독의 죽음으로 되돌아본 영화노동자의 현실", 《오마이뉴스》, 2011. 2. 10.

대된다.[12] 하지만 예술창작활동을 하는 현장의 예술가들은 제도적 보완의 현실을 아직 체감하지 못하고 있는 상황이다. 온전한 문제해결을 위해서는 예술창작활동의 노동자성에 대한 고민과 노동행위를 통해 만들어지는 결과물에 대한 가치를 정책과 대중 모두가 함께 인정하고 공유하는 과정도 함께 이루어져야 할 것이다.

12 송현경, "보편적 사회보험 체계에 예술인 편입", 《내일뉴스》, 2018. 8. 14.

2.
문화산업과 문화노동

문화산업

산업혁명 이후 대중문화(mass culture)의 생산과 소비가 가능해진 시대가 도래한 이후, 아도르노(Theodor Wiesengrund Adorno)와 호르크하이머(Max Horkheimer)는 자신들의 저서 《계몽의 변증법》을 통해 문화산업에 대한 비판적 입장을 설명한다. 문화산업의 결과물로서의 문화가 매일 변하는 것 같지만 실상 계속 반복되는 것처럼 문화산업의 결과물은 이미 짜인 틀 속에서 규격화·획일화되어 대량생산되고 있다는 것이다. 아도르노와 호르크하이머는 문화산업에 대해 비판적 입장을 견지한다. 문화가 소비를 위한 틀로 편입되면서 대중에 의한 사회비판적·저항적·독립적 특성을 잃었으므로 이전의 관점으로는 보기 어렵다는 것이다. 문화산업은 대량소비를 위해 대량생산을 하며, 대량생산을 위해 대량소비를 유발하고 조작한다. 즉, 후기산업사회에서 대중은 문화산업의 능동적인 생산 주체가 아니라 소비 주체로서 존재한다는 것이다. 결국, 프랑크푸르트학파가 비판하고자 하는 지점은 생산 차원에서 소비 차원으로 전이되면서 대중이 단순히 소비자로 길들여지게 되고, 자발적인 문화의 생산자가 아니라 위로부터 관리되는 문화의 수용자로 전락하게 된다는 것이다.[13]

박근서(2011)는 아도르노의 문화산업에 대한 비판론의 논의가 지나치게 엘리트주의적 방식으로 소개되었음을 언급한다. 아도르노의 '문화산업'은 단순하지 않으며 엘리트주의적이지도 않다는 것이다. 어떤 면에서 '문화산업'이라는 말이 초래한 오해 때문에 아도르노의 대중문화와 후기자본주의의 문화적 상황에 대한 분석은 정당하게 평가받지 못했다고 설명한다. 아도르노가 언급한 '문화산업'은 통속적 의미에서의 '산업'이 아니며, 대중문화 텍스트들의 저열한 형식과 내용에 대한 그의 비판적 언사가 대중문화 자체에 대한 비난은 아니었다며 아도르노의 에세이 〈문화산업을 다시 생각한다〉를 주목해야 한다고 설명한다.

13 류희선 · 진소연(2012), "국내 아이돌음악에 대한 청소년 인식 연구", 《방송과 커뮤니케이션》 13(4), 171-172쪽.

> 우리는 현대 대중문화 양식의 지지자들의 공통된 주장, 즉 그것이 대중 그 자신들로부터 자발적으로 발생하는 문화 같은 어떤 것이라는 주장을 배제하기 위해 그 표현을 '문화산업'으로 대신했다.

아도르노는 '문화산업'을 '대중문화'와 같은 수준에 있는 개념으로 생각했다는 것이다. 즉 문화산업은 문화적 텍스트를 생산하는 산업을 말하는 것이 아니라, 산업화된 문화보다 정교하게 표현한다면 자본주의적 생산양식의 착취 구조와 이데올로기적 지배 체제에 포섭된 문화적 양태를 의미한다. 그런 까닭에 아도르노의 '문화산업'은 자본주의적 문화 양상에 대한 비판임과 동시에 그것을 뚫고 올라오는 '자생적 대중문화'에 대한 옹호이기도 하다. 아도르노는 통상 경멸적 의미로 쓰이고 있는 '대량문화'와 '대중문화'를 구분하고 있을 뿐만 아니라, 대량문화의 오명으로부터 대중문화를 구원하기 위해 '문화산업'이라는 개념을 제시했다고 보았다.[14]

대중문화와 문화산업의 형성과정은 자본의 논리에 충실한 산업의 육성, 그리고 동시에 동일한 콘텐츠를 소비하는 대중의 소비방식에 대한 비판적 논의가 주를 이루었다. 하지만 그와 동

14 박근서(2011), "아도르노의 문화산업론", 《현대사상》 8, 98-101쪽.

시에 문화산업이 오히려 프로파간다적인 수단으로서의 역할, 기술이 미디어 기술과 결합하면서 갖게 되는 힘에 대한 분석도 함께 이루어졌다.

문화산업은 상업적 논리에 충실한 콘텐츠 생산과 시장 확장으로 대중과 만나기도 했지만, 미디어 테크놀로지의 발달, 미디어 산업구조의 변화, 대중이 아닌 적극적 행위주체로서의 팬덤(fandom) 형성, 그리고 새로운 장르의 문화와 직업군 등 문화지형의 변화를 보여주기도 한다. 문화산업의 형태도 계속 확장하고 있는데, 영화, 방송, 음악, 공연, 스포츠 등 전통적 분류로 구분되었던 문화산업의 형태는 디지털 기술이 결합하면서 게임, 1인 미디어, AI, VR이 결합된 문화콘텐츠도 등장하기에 이르렀다.

현재 국내 문화산업도 디지털 기술과 산업 지형의 변화에 직면해있다. 그리고 콘텐츠 소비자 혹은 수용자라고 불리는 대중은 일정 정도의 비용을 지급하고 다양한 장르의 콘텐츠를 소비한다. 이처럼 생산, 유통, 소비라는 틀을 통해 콘텐츠가 생산·재생산되면서 '창작활동'에 대한 인식이 변화하기 시작했다. 특히 관련 분야에 종사하는 사람들은 창의적 활동을 하던 과거의 예술가들과 구분된다. 콘텐츠는 노동의 결과물이며, 여러 분야의 전문가들이 함께 생산하는 협업작업이 동반되고, 결과물을 생산하는 데 소요되는 시간과 비용이 노동의 중요한 생태계를 구성하기 때문이다.

이러한 상황이 등장한 배경으로는 자본주의 경제가 위기에 처하면서 이를 극복하기 위한 대안으로 전통적인 산업분야와 더불어 문화 관련 산업의 중요성이 부상했기 때문이다. 실제로 그동안 문화예술정책 영역에서 문화산업과 창조산업을 내세우며 관련 담론들이 생산되어왔다. 포드주의의 고정되고 획일화된 노동주체가 아닌 독창성과 자율성이 보장되는 창의노동이 부상할 것이라는 논의가 주를 이루었다.

서동진(2012)은 경제의 신자유주의적 전환의 결과가 문화산업과 창조산업의 본상이며, 문화노동과 창의노동이 새로운 담론으로 부상하게 되었다고 설명한다. 즉, 변화된 경제가 노동의 정체성 형성에 어떤 영향을 미치게 되었는지 살펴봐야 한다는 것이다. 그간 형성된 지식근로자(knowledge worker), 창의적 계급(플로리다, 2002), 새로운 에이전트(핑크, 2001)와 같이 새로운 노동주체의 정체성을 규정하거나 또는 비물질적 노동(immaterial labor) 같은 네그리와 하트(Antonio Negri & Micheal Hardt) 중심으로 논의되는 담론[15]은 새로운 자본주의가 어떻게 노동의 구성을 바꾸는지 비판한다는 것이다.[16]

15 마이클 하트(자율평론 번역모임 옮김), "정동적 노동", 질들뢰즈 외, 《비물질노동과 다중》, 서창현 외 옮김, 갈무리, 139-158쪽.

16 데이비드 헤스몬달프 · 사라 베이커(2016), 《창의 노동과 미디어 산업》, 안채린 옮김, 커뮤니케이션북스, 35-62쪽.

결국 신자유주의적 전환이 가져온 경제시스템의 변화는 문화산업의 확장과 종사자의 증가를 가져왔지만, 또 다른 방식의 노동소외를 가져왔다. 그리고 노동주체의 정체성은 '문화'라는 영역과 결합하면서 예술 창작 활동과 노동의 결합이라는 방식으로 전환하게 되었다.

데이비드 헤스몬달프와 사라 베이커는 1960년대부터 사회학자들과 진보적 정책 입안자들이 '문화산업'이라는 용어를 널리 사용해왔다고 설명한다. 그리고 이후 1990년대부터 '창조산업(creative industries)'이라는 새로운 용어를 사용하기 시작했다는 것이다. 국가 경제에서 서서히 쇠퇴해가는 제조업의 역할을 대체하기 위해 등장한 창조산업 이니셔티브는 '정보사회'와 '지식사회' 등의 정책 기조 아래 고용 및 교육 등 여러 분야 정책의 바탕이 되었다. 따라서 영국은 다른 산업 분야의 노동과 달리 문화산업 분야의 노동을 '문화노동(cultural work)' 또는 '창조노동(creative work)'으로 개념을 규정하고 특성과 문제점 등을 논의하는 연구가 비교적 일찍부터 시작되었다고 할 수 있다.[17] 국내에서도 영국의 문화산업과 노동 문제에 대한 논의를 받아들여 국내 문화정책을 세우는 데 중요한 근거로 사용해왔다. 하지만 영국의 창조산업 정책과 노동 관련 담론이 문화산업에 종사하는 노동자의

17 Banks, M. (2007), *The Politics of Cultural Work*, New York: Palgrave Macmillan.

문제를 외면하고 있다는 비판도 있는데, 이유는 '문화노동'이 갖는 특수성에 대한 이해가 전제되지 않았기 때문이라는 점이다.

우선 문화산업의 정의에 대해 살펴보자. 영국은 창조산업을 TV, 영화, 광고, 음악, 소프트웨어, 건축, 디자인, 패션은 물론 예술공예까지 포괄하고 있다. 국내의 경우 문화산업의 분야와 범위가 영국보다는 넓지 않지만, 비교적 폭넓은 분야를 포함한다. 2017년 7월 26일 개정된 국내 〈문화산업진흥기본법〉에서 문화산업은 "문화상품의 기획 · 개발 · 제작 · 생산 · 유통 · 소비 등과 이에 관련된 서비스를 하는 산업"을 의미한다. 그리고 2016년 발간된 한국콘텐츠진흥원의 《콘텐츠산업백서》에 따르면 방송, 게임, 영화, 만화, 애니메이션, 캐릭터, 음악, 패션, 출판, 정기간행물, 광고 산업으로 나누고 있다.[18]

영국의 창조산업과 문화산업에 속하는 산업들은 대체로 다른 산업과 차별되는 일의 특성을 지니는데, 일을 통해 사회적 융합을 증진시키고, 혁신적이며 창조적인 상품과 서비스를 생산하는 성장 산업으로 청년과 실업자를 위한 고용창출에 중요한 역할을 할 수 있다.[19] 창조산업은 유연한 전문가를 통해 멀티유즈

18 한국콘텐츠진흥원(2017), 《2016 콘텐츠산업백서》, 167쪽.

19 Oakley, K. (2011), "Research Article: In ite own image: New Labour and the cultural workforce," *Cultural trends* 20 (3-4), pp. 281-289.

에 기반을 둔 기업 전략, 고숙련 노동자의 활용, 혁신을 통한 경쟁 전략이라는 새로운 노동 가치 전략을 기반으로 하고 있으며, 기업 규모로 보면 소규모의 독립적 기업의 역할이 중요한 산업이기도 하다. 즉, 소규모이지만 밀접하게 네트워크화된 기업들이 프로젝트에 따라 서로 연관되어 협동하는 방식으로 일하는 산업적 특성을 갖고 있다.[20]

이러한 긍정적 논의와 함께 문화산업 노동이 불안정하고 노동과정에서 착취가 존재한다는 비판적 논의도 등장하기 시작했다. 즉 프로젝트 기반의 비정기적이고 단기적인 계약, 빈약한 직무보호, 불안정한 자영업자, 프리랜서 노동자, 불확실한 직업경력 전망, 낮은 소득과 불평등한 배분, 보험, 연금수혜 제약 등 전통적인 산업에서도 불리한 노동조건의 문제가 지적되기 시작했다.

앞서 문화산업에 해당하는 분류항목에서도 알 수 있듯이, 창의노동의 결과물로 생산되는 콘텐츠를 기존의 전통적 산업구조에서 언급되었던 노동의 개념으로 설명하기 어려운 지점이 존재한다. 물적 상품을 생산에 적용하던 노동이 상징적 상품을 생산하는 과정에 적용되는 경우에는 예술, 열정, 놀이 등 감정적

20 강이수(2015), "문화노동의 특성과 젠더의 문제: 영국 창조산업 논의를 중심으로", 《한국여성학》 31(2), 181-211쪽.

상태와 상상력이 전제가 되고, 협업이라는 과정을 통해 결과물이 만들어지게 되는 것, 그리고 수용자/소비자의 피드백이 미치는 영향력 등을 함께 고려해야 한다는 특수성을 지닌다. 결국 예술의 특성을 논의하는 데 활용되는 독창성(originality)과 자율성(autonomy)이 노동과정에서 분리될 수 없게 되면서 '창의노동'[21]은 콘텐츠 생산과정에서 예술창작과 노동이라는 이질적 특수성을 동시에 수행하게 된다.

이 책에서는 '창조산업'과 '창의노동'이라는 표현보다 '문화산업'과 '문화노동'이라는 표현을 사용하고자 한다. 신자유주의적 전환이 가져온 결과물로서의 경제구조가 문화산업과 문화의 상징자본을 생산하는 노동을 강조하고, 노동의 유연화와 비정규직의 증가를 '창의', '창조'라는 용어로 탈바꿈시켜 산업구조의 능동성과 긍정성을 강조하는 데 사용하고 있다고 보기 때문이다.

21 무엇보다 중요한 것으로 문화산업이 갖는 산업적 특성에 대한 논의는 결국 문화상품의 결과물을 만들어내는 노동과 함께 논의되어야 한다는 것이다. 문화산업을 창조산업으로 규정하고 논의가 확장되면서 'creative'에 대한 논의가 분분했다. 하지만 대체로 'creative'는 창조(創造)가 아닌 창의(創意)로 정의되면서 창조산업의 일과 노동을 '창의노동(creative labour)'으로 설명하고 있다. 데이비드 헤스몬달프와 사라 베이커는 "창의노동은 문화산업 내에서 상징적 가치를 만드는 일(symbol-making)을 주로 하는 직업군을 뜻한다"고 설명한다. 문화산업은 상징적 가치로부터 이익을 창출해내는 것을 주목적으로 하는 산업이며, 이 때문에 문화산업 내에는 경제적 이익과 문화창출, 창의성 추구와 상업성 추구 사이에 수많은 긴장관계와 대립관계가 생성된다는 것이다. 결국 창의노동은 문화산업 속에 존재하는 창의적인 노동의 줄임말이라 할 수 있다. 데이비드 헤스몬달프 · 사라 베이커(2016), 앞의 책, 15-16쪽.

문화노동 논쟁

문화산업 분야의 가장 큰 이슈는 콘텐츠 제작 스태프의 처우에 대한 문제일 것이다. 2013년 영화제작 스태프의 표준근로계약서가 도입된 후 큰 처우개선을 확인했고, 드라마 제작현장에도 근로시간 해결을 요구하는 스태프의 증가 등으로 최근 다양한 논의가 이루어지고 있는 상황이다. 문화산업의 특성상 판매 가능한 결과물로서의 콘텐츠는 협업으로 제작되고 있을 뿐만 아니라, 창작성도 요구되는 노동이므로 창의작업인지 노동과정인지에 대한 논쟁은 계속 있어왔다.

문화산업, 특히 국내의 방송 콘텐츠 제작 시장은 '한류'산업의 붐과 맞물리면서 높은 수익을 가져오는 국가 브랜드 산업으로 인식되지만, 현실적 근무환경은 그렇지 못하다. 드라마라는 콘텐츠를 이용할 수 있는 미디어 환경이 빠르게 변화하고 채널간 경쟁이 심화되면서 비정규직 고용으로 구축되는 인력활용방식은 더욱 다양해지고 일반화되었다. 제작비 투자와 편성계획이 시청률 중심으로 이루어지면서 드라마 제작과정의 체계적 준비와 함께 사실상 계획적 인력운용이 어려워졌다.

이와 함께 국내 시청자의 피드백이 중요한 국내 드라마 시장의 특성상 사전제작을 통한 안정적 노동환경의 구축 역시 힘든 상황이다. 몇 년 동안 유명 배우들이 출연한 사전제작 드라마가 시도되었지만 낮은 시청률을 기록하면서 외면받았다. MBC의 〈로드 넘버원〉(2010), tvN의 〈신데렐라와 네 명의 기사〉(2016), SBS 〈사임당〉(2017) 등이 낮은 시청률을 기록한 사전제작 드라마다.

또한 방송사의 자체제작이 아닌 외주제작이 일반화되면서 외주제작사는 방송사가 낮은 단가를 제시해도 나중에 방송사와 재계약을 하기 위해 이를 받아들여야 하는 상황도 바뀌지 않고 있다. 방송산업의 외주화 구조는 방송 프로그램 제작뿐 아니라 장비 및 인력공급, 유지, 보수 업무 등 거의 모든 분야에 광범위하게 퍼져 있다. 방송사업자 간 경쟁 심화의 또 다른 결과는 광고 수주를 위한 방송 프로그램 간 경쟁 심화와 이에 따른 방송 프로그램의 상업화를 부추긴다는 점이다. 시청률에 따라 방송 프로그램이 수시로 개편되는 구조는 방송 프로그램 제작 과정에 참여하는 외주제작사와 협력업체의 잦은 교체를 야기하게 된다.

방송영상산업 생산조직과 노동환경에 대한 평가는 양면적이다. 첫 번째는 효율성에 대한 평가인데, 방송영상산업의 생산조직이 수직적으로 통합된 기존의 다른 분야의 조직에 비해 인적자원을 효율적으로 사용할 수 있을 뿐 아니라 전문화된 인력을 활용할 수 있는 가능성이 높다는 점이다. 둘째 부정적 평가로는 방송영상산업 종사자의 고용방식이 불연속적이고 안정적이지 않다는 점이다. 새로운 기술에 대한 정보 및 교육을 스스로 해

결해야 하기 때문에, 내부 노동시장에서의 고용안전과 경제적 보상이 보장되지 않는다는 점이다.[22]

결국 이러한 문제를 해결하기 위해서는 드라마 제작 현장에 참여하는 스태프들의 처우개선을 위해서는 스태프들 스스로 드라마 제작 현장이 갖는 노동의 특수성을 이해하고 받아들어야 한다. 이러한 상황은 제작 인력뿐만 아니라 방송사, 외주제작사, 그리고 정부기관 모두 주목해야 한다.

드라마 제작 현장의 노동환경에 대한 문제가 계속 제기되면서 정부의 제도적 개입이 이루어지기도 했다. 과학기술정보통신부, 방송통신위원회, 공정거래위원회, 문화체육관광부, 고용부는 2017년 12월 19일 '방송프로그램 외주제작시장 불공정 관행 개선 종합대책'(표 1)을 발표했다. 대책은 크게 다섯 가지로 제시되었는데, 방송제작인력 안전강화 및 인권보호, 근로환경 개선, 합리적인 외주제작비 산정 및 저작권 배분, 외주시장 공정거래 환경 조성, 방송분야 표준계약서 제정 및 활용 확대 등이다.

이후 2018년 2월 1일 과학기술정보통신부는 외주제작시장의 불공정 거래 관행을 개선하기 위해 방송프로그램 제작지원 사업 수행지침을 개정 · 시행한다고 발표했다. 수행지침 개정

22 한국콘텐츠진흥원(2011), 〈방송영상 제작스태프의 근로환경 개선에 관한 연구〉, 3-5쪽.

〈표 1〉 방송프로그램 외주제작시장 불공정 관행 개선 종합대책

1) 방송제작인력 안전강화 및 인권보호
- 외주제작사의 제작인력 안전강화
- 외주제작사 인력 인권보호

2) 근로환경 개선
- 외주제작 노동권익 보호
- 외주제작사의 근로조건 준수인식 제고
- 연장근로 한도 특례업종 단계적 폐지, 최소화
- 외주제작 근로환경 범부처 실태조사 정례화

3) 합리적인 외주제작비 산정 및 저작권 배분
- 합리적인 외주제작비 신청
- 저작권의 합리적 배분

4) 외주시장 공정거래 환경 조성
- 콘텐츠 공정상생센터 설치
- 외주제작 관련 방송사의 금지행위 조항 신설
- 정부지원금 사업수행지침 개선

5) 방송분야 표준계약서 제정 및 활용 확대
- 방송작가 집필표준계약서 제정
- 방송업종 표준하도급계약서 개성
- 표준계약서 사용 기준 마련
- 표준계약서 적용 및 인센티브 확대
- 표준계약서 사용 교육 및 홍보

출처: 방송통신위원회(www.kcc.go.kr).

은 방송사-제작사 간 불공정 계약 방지, 적정 수준의 제작비 지급, 제작 지원 조건과 제작환경 개선 등을 포함하는 네 가지 방향으로 마련됐다. 먼저 제작지원 사업 수행 시 제작 · 구매와 스태프 관련 표준계약서 사용을 의무화하고, 정부 제작지원의 취지에 반하는 방송사-제작사 간 불공정한 이면 계약(제작사에 대한 제작비 부당 감액, 타 용도 사용, 저작권 포기 강요 등)을 금지하며, 이를 위반할 경우 지원금 환수, 2년간 사업 참여제한의 제재조항을 신설했다.

제작 지원작 선정 시 적정한 제작비를 보장하기 위해 기존의 2단계(1단계: 서류평가, 2단계: 발표평가) 심사에서 별도의 제작비 적정성 심사 절차를 신설하여 3단계로 세분화했다. 적정 제작비 심사를 강화하기 위해 회계, 방송 제작 전문가 등으로 별도의 심사단을 구성해 장르, 제작기간, 투입인력 등을 고려하여 신청자의 적정 제작비 보장을 유도하기로 했다. 아울러 정부 제작지원 조건인 국내 방송 채널을 통한 방영부담을 줄이기 위해 송출 조건을 완화했다. 송출 대상을 해외방송사 송출까지 확대하고, 해당 프로그램의 국내외 판매, 해외수상도 송출로 간주하기로 했다. 송출 기한 또한 기존 협약일로부터 1년 이내에서 2년 이내로 연장하기로 했다. 이밖에도 방송제작 환경을 개선하기 위해 제작지원 신청 시 해당 방송사 등의 안전사고 발생 이력(최근 3년)을 제출토록 하고 사실 확인을 통해 심사 시 불이익을 주는 조항을 신설했다. 제작 스태프의 안전확보와 근로여건을 개선하기 위해 제작인력의 해외 촬영 시 상해 · 여행자보험 가입을 의무화하기로 했다.[23]

결국 정부 정책이 실효성을 발휘하기 위해서는 방송사와 외주제작사가 고용주로서 제작현장의 문제를 책임지고 관리하려는 노력이 함께 이루어져야 한다. 그리고 이를 위해서는 제작 주체 간의 계약, 즉 편성 · 저작권 문제와 더불어 유선방송과 지상파가 설립한 외주제작사에 대한 논의가 필요하다. 국내 정부기관은 오래전부터 표준계약서 도입, 합리적인 저작권 분배 등을 위해 노력하고 있지만, 법으로 강제되지 않다 보니 효과를 거의 보지 못하고 있는 실정이다. 정부기관이 제시하는 대책이 실현 가능한 것으로 법적 제도화가 되기까지는 아직 시간이 더 필요해 보인다.

23 정두리, "정부, 방송제작지원 사업 내 외주 불공정 거래 뿌리뽑는다", 《아주경제》, 2018. 2. 1.

2장
문화산업으로서의 한류,
그리고 아이돌 문화

1.
한류문화 영역의 확장, 케이팝

한국의 대중문화는 최근 소셜미디어의 바람을 타고 아시아를 넘어 전 세계에서 큰 주목을 받고 있다. 드라마의 한류 붐이나 케이팝의 붐이 일 때도 전문가들은 서구사회에서의 한류 붐은 미세할 것이라 평가했다.

하지만 2012년 가수 싸이, 그리고 이후 2017년부터 본격화된 방탄소년단의 미국 빌보드 입성과 월드 투어, 그리고 글로벌 팬덤의 형성은 한류가 산업이기도 하지만 문화라는 것을 다시 한번 일깨워준 사건이 되었다. 특히 방탄소년단의 경우 그룹이 가진 음악성과 구성원의 개성뿐만 아니라 소셜미디어의 영향도 크다고 평가되고 있다. 지금의 팬덤이 지닌 미디어 이용 라이프스타일이 크게 변화했기 때문이다. 무엇보다 1990년대 후반 중국 내에서의 한국 음반 출시, 그리고 2000년대 초반 일본에서 드라마 〈겨울연가〉의 인기에서 시작된 것이라 볼 수 있다.

전 지구화 시대
문화교류의 결과이자 과정, 한류

1990년대 후반 중국의 한 저널리스트에 의해 불리기 시작한 '한류'는 문화수입국으로 인식되었던 한국의 문화가 아시아 수용자들 내에서 소통 가능한 문화로 인식되면서 학계뿐만 아니라 산업, 정부 등 각 영역 주체들의 참여를 이끌어냈다.

초기 한류는 드라마 속 현실에 공감하고 즐거움을 느끼는 아시아 여성들의 자발적 팬클럽 활동으로 주목받았다. 특히 일본의 여성 수용자들은 드라마 〈겨울연가〉를 통해 '욘사마 열풍'을 일으켰고, 한국에서 제작된 드라마가 일본시장에 진출한 문화상품으로서만이 아니라 하나의 문화아이콘으로서 자리매김하는 데 성공한다. 그리고 '욘사마 열풍'은 이후 다른 한국의 드라마, 영화, 음악에 이르기까지 한국의 대중문화가 일본시장에 진출하고 일본의 수용자들과 소통채널을 구축하는 데 큰 역할을 했다고 볼 수 있다.

하지만 그 시기 국내에서 형성된 주요 담론은 한류문화를 수출 상품으로 인식하는 민족주의적이고 경제중심주의적인 논의가 주를 이루었다. 특히 한류문화상품을 통해 한국 문화의 우수성을 알리고 동아시아 내에서의 우위를 점할 수 있다는 주류 담론의 이데올로기 형성은 문화 소비 과정에서 생산되는 다양한 의미와 문화적 취향에 대한 관심을 상업적 이익으로 전환시켰다. 예를 들면, 일본에서 배용준, 최지우 중심의 팬 미팅, 〈겨울연가〉 관련 행사가 주를 이루었던 사례가 해당된다.

이후 일본 내에서의 한국 대중문화의 성공을 확인한 미디어 생산 주체들은 일본시장 진출을 겨냥한 미디어콘텐츠 생산에 집중하기 시작했다. 드라마뿐만 아니라 그 시기에 제작된 영화 역시 내러티브보다는 유명스타의 출연에만 집중함으로써 콘텐츠의 질적 저하를 가져왔다. 관련 영화들은 일본 현지에서도 큰 흥행을 하지 못했다.[1]

1 또한 〈겨울연가〉의 두 주인공은 지상파 드라마를 통해 인기를 끌었지만, 이후 드라마 출연보다는 영화콘텐츠 출연에 집중하거나 일본 팬 미팅 등의 행사에 집중하는 행보를 보였다. 〈무영검〉(2005), 〈연리지〉(2006) 등 〈겨울연가〉의 여자주인공 최지우가 출연한 영화들은 모두 내러티브 구성의 한계를 지적받았고, 국내에서 그다지 흥행하지도 못했다. 배용준은 〈스캔들〉(2003), 〈외출〉(2005) 등의 출연으로 비교적 좋은 평가를 받았지만, 그가 출연한 MBC 드라마 〈태왕사신기〉(2007)는 제작비, 출연료 미지급 등의 재정적인 문제로 소음이 지속되었다. 해외수출을 목표로 배용준이라는 배우를 캐스팅했지만, 예상했던 큰 수익을 얻지는 못했다. 드라마 제작사는 지금까지도 자금난에 시달리는 것으로 나타났다. 물론 〈태왕사신기〉 제작사의 경제적 문제는 여러 가지 복합적인 문제가 얽혀 있다. 하지만 여기에서 국내 드라마 제작 시스템에 대한 문제는 한류 관련 논외의 문제이므로 생략하도록

이와 같이 한류 인기를 '상업적'으로 이용하는 경향이 강화되면서 아시아 지역에서의 한류에 대한 폭발적 관심은 한 개인, 한류스타 중심으로 좁아졌고 국내 미디어에서도 그 모습을 감췄다.

그러나 주춤할 것 같았던 한류는 2000년대 후반 드라마가 아닌 케이팝이라는 한국음악으로 다시 주목받았다. 초기 한류는 드라마를 중심으로 아시아 여성이라는 공동체, 동아시아라는 문화적 지리(cultural geography)를 형성하면서 식민지의 경험, 근대화, 유교문화라는 문화적 근접성(cultural proximity)으로 설명되었다.

하지만 현재 아시아를 넘어 유럽, 미주, 남미 등의 국가에서까지 인기를 끌고 있는 케이팝의 인기요인을 설명하기 위해서는 문화적 근접성과 아시아 여성 공동체 이외의 요인들이 제시되어야 했다. 한류의 콘텐츠가 드라마에서 음악으로 확장되면서 주요 수용자층의 연령대도 확장되었다. 케이팝은 드라마에 비해 비교적 짧은 시간을 요구한다. 또한 드라마에서 재현되는 가족, 젠더, 사회, 문화 등에 대한 일정 정도의 이해도 없이도 짧은 시간에 음악적 상상력과 함께 정서적 공감이 가능하다는 특징을 지닌다. 주요 이용채널도 차이를 보이는데, 드라마가 텔레비

한다. 김성호 · 김건우, "'210억+α', 故김종학 PD 빚더미 진짜 이유는…", 《머니투데이》, 2013. 8. 1.

전 매체를 중심으로 소비되었다면, 케이팝은 유튜브 등의 채널을 통해 널리 알려졌기 때문이다. 따라서 소셜미디어가 지닌 미디어 기술의 편이성 역시 한국 팝 컬처의 확산에 큰 역할을 했다고 볼 수 있다.

이와 같이 케이팝 중심의 한류문화가 전 세계적으로 교류될 수 있었던 이유는 전 지구화된 문화교류, 미디어 테크놀로지의 발달 등이 전제되었기 때문이다. 미국 할리우드 문화의 전 세계적 확장, 글로벌 미디어 기업의 성장, 그리고 로컬 문화를 끊임없이 수용하고 재생산하는 현재의 문화교류 속에서 탄생한 것이 바로 한류문화다. 전 지구화 시대 문화교류에 대한 접근은 국내의 주류 담론처럼 한국의 문화, 한국 국민의 우수성 등 민족주의적 시각보다는 '글로벌 문화'와 함께 '로컬 문화' 그리고 '혼종성'의 개념을 통해 의미해석이 이루어져야 한다는 논의가 주목을 받기 시작했다.

글로벌, 로컬 문화 혹은 혼종성을 해석하는 데는 두 가지 입장이 존재한다. 즉 국지적 · 지역적 문화를 상업적 문화로 전환하는 상황에 전략적으로 활용되는 용어라는 비판적 입장과 함께 탈근대화 · 탈식민적 시각에서 문화의 재전유와 문화번역과정에서 나타나는 의미들이 바로 그 주체의 실천이라고 보는 입장이다. 이미 미국 중심의 미디어 콘텐츠가 전 세계로 유통되는 과정에서 나타나는 글로벌 문화와 로컬 문화의 결합 의미를 실천적 상황으로 볼 것인지, 상업적 문화의 재생산으로 볼 것인지에 대해서는 좀 더 심층적인 접근이 필요하다. 일례로 영국 중심의 포맷(format)산업은 프로그램 포맷 수출 대상국이 유럽 내에서 전 세계로 확장했고, 포맷 수입국에서는 영국의 포맷을 자국의 문화와 결합하는 방식으로 프로그램을 제작한다. 단기적으로는 프로그램 제작이 가능하지만, 장기적으로는 자국(수입국)의 창의적 프로그램 제작의 비율이 낮아질 것에 대한 우려의 목소리와 함께 수용자에게 전달되는 텔레비전 콘텐츠가 서구 중심의 가치관, 문화 등이 내면화되는 것에 대한 우려의 시각이 공존한다.

따라서 한국 대중문화가 갖는 서구 중심의 문화적 특징과 함께 한국의 대중문화에서 재현되는 한국 문화의 특징, 아시아 지역에서 형성되고 있는 '상상적 공동체', 수용자의 적극적이고 능동적인 소비 형태, 미디어 테크놀로지의 발달로 인해 나타나는 동시적 · 비동시적 문화소비와 비균질적이고 동시적인 시공간적 특징, 그리고 국내의 각기 다른 주체들(기업, 기획사, 정부 등)의 역할과 문화재생산에 나타나는 특징들이 모두 결합한 결과이자 과정으로서 나타나는 것이 바로 '한류'라고 할 수 있을 것이다.

동아시아 문화경쟁 '장'으로서의 한류

한류(韓流, Korean Wave)의 시작은 〈서울 음악실〉이라는 프로그램을 통해 이루어졌다. 〈서울 음악실〉은 한국 대중음악이 중국에 진출하는 초기단계에 결정적인 역할을 한 방송 프로그램으로, 중국과 대만, 홍콩 등을 포함한 중화권에서 한국 TV 드라마에 대한 인기가 크게 늘어나던 1997년에 제작된 정식 한국 음악 프로그램이다. 중국 내 한국 공연기획사인 (주)미디어플러스가 제작하여 베이징, 상하이, 톈진, 칭다오, 광저우 등 주요 5개 지역에서 주 3회 걸쳐 방송했다. 〈서울 음악실〉은 1997년 7월부터 1998년 중국 정부의 비준을 받은 최초의 한국 음반인 H.O.T.의 〈행복〉이 출시될 때까지 중국 신세대들이 한국의 최신 대중음악을 공식적으로 접할 수 있는 유일한 통로였다. 이 현상을 일컬어 중국 언론인 북경청년보(北京青年報)가 1999년 11월 19일 '한류'라는 용어를 가장 먼저 사용했다. 중국에 한국 대중음악이 진출하면서 베이징 교통방송은 1999년 5월부터 한국의 음악을 소개하는 〈한강지야〉(漢江之夜)라는 프로그램을 편성했다.

이러한 분위기에 발맞추어 한국의 문화관광부는 한국 대중음악의 중국 내 홍보를 위해 한국 대중음악이 들어 있는 〈한류(韓流): song from Korea〉라는 타이틀 음반 6천 장을 중국어로 제작했다. 이 음반은 당시 〈서울 음악실〉 제작운영을 담당하던 (주)

미디어플러스에 의해 홍보용 음반으로 제작 · 배포되었으며, 이 시기부터 '한류'라는 신조어는 한국의 대중문화를 지칭하는 용어로 자리 잡게 되었다.[2]

원용진 · 김지만(2011)의 논의처럼 한류의 시작이 음악이었다는 점은 주목할 만하다.[3] 본격적인 한류 붐을 일으킨 것은 드라마, 영화 등의 내러티브가 중요한 콘텐츠였지만, 같은 시기 한국의 대중음악 역시 H.O.T.의 2000년 1월 중국 공연 등 중국, 대만 등에서 H.O.T., NRG, 클론 등의 한국 가수들에 대한 관심이 꾸준히 이어졌다는 사실도 지금의 케이팝 인기가 발현될 수 있는 중요한 기반이었음을 알 수 있는 지점이다. 이후 배용준, 최지우 주연의 KBS 드라마 〈겨울연가〉(2002)가 일본 내에서 폭발적 인기를 끌면서 '한류스타'라는 용어가 본격적으로 힘을 갖기 시작했고, 인기스타 중심의 다양한 마케팅, 한류스타 중심의 영화, 드라마 제작 등 한류 붐을 지속하기 위한 노력이 계속되었다. 드라마 〈겨울연가〉보다 먼저 제작된 MBC 드라마 〈의가형제〉(1997)는 베트남에서 큰 성공을 거두었으며, 동아시아를 넘어 중동지역까지 수출된 MBC 드라마 〈대장금〉(2003~2004) 등 한류 콘텐

2 이종임(2013), 《신한류와 문화이동의 지형학》, 논형.

3 원용진 · 김지만(2011. 8), "연성국가주의에 편승한 연예기획사와 한류의 미래", 〈한류 2.0 시대의 진단과 분석〉, 한국언론학회 세미나 발표문, 27-51쪽.

츠가 다양한 국가에서 소비됨에 따라 더욱 확장된 수용자 팬덤을 형성하면서 한류 인기에 대한 다양한 분석이 쏟아지기 시작했다.

동아시아 지역에서 활발하게 나타난 한류 붐은 초기에는 매우 생경한 현상이었다. 동아시아 지역이라는 지리적으로 묶일 수 있는 공통점이 존재한다고는 하지만, 한국이라는 로컬 지역에서 생산된 문화가 한국뿐만 아니라 국경을 넘어 다른 국가의 수용자에게도 큰 인기를 끌 수 있다는 사실을 초기에는 받아들이기 어려웠다. 따라서 이후 문화의 수입국으로서만 인식되던 한국의 대중문화가 역으로 수출 가능한 문화라는 것을 어떻게 이해할 것인지에 대해 다양한 영역에서 연구가 진행되었다.

이 시기 형성된 주요 한류 담론은 민족주의적 혹은 경제중심주의적 논의가 두각을 나타내었고, 수용자의 적극적 참여와 여성 시청자가 형성하는 가족주의 혹은 모든 문화적 결과물을 수출상품으로만 바라보는 시각에 대한 비판론들이 나타나기도 했다. 한류에 대한 다양한 시각이 존재하지만, 현재까지도 주류 담론은 여전히 민족주의적 · 경제중심주의적 시각이 주를 이루고 있다. 최근 몇 년 사이 케이팝으로 한류에 대한 관심이 다시 형성되면서 정부와 연예기획사들을 중심으로 한류문화의 경제적 가치와 함께 실제적으로 어느 정도의 수익을 얻고 있는지, 해외에서 형성되는 팬덤에 대한 정보 등 미디어를 통해 담론을 형성하고 있다. 1990년대 후반부터 현재까지 동아시아는 여전히 한국 대중음악산업에 큰 이익을 가져다줌과 동시에 세계시장 진출을 위한 교두보로 여겨지고 있다. 그와 동시에 세계화 가능성을 타진해볼 수 있는 동아시아 시장은 한국 상품의 우수성과 한국 문화의 자긍심을 가져다주는 역할을 하기도 한다.

한국 대중문화의 해외 진출이 시작되면서 정부 관련기관, 엔터테인먼트 기획사, 방송사 등 관련 주체들의 적극적인 개입도 동아시아 내에서 한류의 확산에 큰 역할을 했다. 일례로, 1990년대 말 중국 내에서 한국의 대중문화가 자리 잡는 데는 한국 정부기관인 문화관광부의 적극적인 참여도 큰 역할을 했다. 또한 한류에 대한 인기가 지속되면서 동아시아 지역의 수용자가 자발적으로 인터넷을 통해 커뮤니티를 형성하고 정보를 교류할 뿐만 아니라, 직접 한류 관련 이벤트에 참여하기 위해 한국을 방문하는 일이 자연스러워지면서 미디어를 통해 한국 문화를 이해하는 것에서 직접 체험하는 것으로까지 자연스럽게 확장되었다. 미디어 테크놀로지의 발달도 동아시아 지역에 한류를 형성하는 데 큰 역할을 했음을 알 수 있다.

물론 이 과정에서 몇 가지 부정적인 현상들도 목격되었다. 수익성만을 고려한 한류스타 중심의 이벤트를 기획하거나 동아시아 내에서 유명한 한류스타가 출연한 콘텐츠이지만 체계적이지 못한 내러티브 구성으로 한류 팬의 외면을 당하기도 했다. 또한 자국 내의 한류문화 확산과 미디어시장 침략을 우려한 보수주의자들의 주도하에 일본, 중국 내에서 혐한류(嫌韓流) 붐이 일기도 했다.[4]

"장근석, 아오이 소라 '먹고 싶은 음식'에 불쾌감, 혐한류 매체"(한국일보, 2012. 2. 17), "혐한류 왜 일본을 탓하나"(미디어스, 2011. 8. 11), "일본 내 한류와 혐한류의 현재는?"(스포츠조선, 2012. 6. 12) 등의 기사에서도 알 수 있듯이 최근 몇 년 사이 일본과 중국에서 혐한류가 일어나기 시작했고, 활발하게 활동하고 있는 엔터테이너 관련 부정적인 기사를 보도하거나 한류 드라마를 방송하는 해당 방송사 앞에서 혐한류 시위를 벌이기도 했다.

이는 동아시아 지역 내에서 국가 간의 정치적 관계, 과거 역사적 관계들이 대중문화에 투영되면서 생기는 현상이기도 했다. 동아시아가 가지고 있는 역사적 · 사회문화적 관계들이 한류문화를 형성하면서 다양한 갈등 유발과 함께 생산적 문화현상들을 동시에 보여주고 있다. 이처럼 1990년대 후반에 시작된 한류는 드라마 등 내러티브, 등장인물 혹은 가족관계, 사회적 조직관계

4 혐한류 관련 자세한 논의는 정수영(2010), "《만화 혐한류(マンガ嫌韓流)》의 이야기 분석을 통해 본 일본 내 혐한류에 관한 연구", 《한국출판학연구》 36(1), 통권 제58호, 187-215쪽; 박수옥(2009), "일본의 혐한류와 미디어내셔널리즘: 2ch와 일본 4대 일간지를 중심으로", 《한국언론정보학보》 47(2009년 가을), 120-147쪽 등의 논문을 참고할 것.

등이 표출하는 상징적 기호들을 통해 같지만 각기 다른 시각으로 동아시아 내에서 문화적 지리(cultural geography)를 형성해왔다.

글로벌 전략의 현실화, 케이팝

현재의 케이팝 붐이 일기 전, 국내 유명 기획사들은 자사의 대표적 가수들을 중심으로 미국시장의 문을 두드렸다. SM의 보아, YG의 세븐 등의 가수들이 국내시장과 일본시장에서의 성공을 기반으로 미국시장 진출을 시도해왔으나 오랜 시간 준비하고 투자한 노력에 비해 크게 성공하지 못했다. JYP의 원더걸스 역시 미국 진출 초기 론칭에 성공한 듯 그려졌으나 미국 음반시장에서는 큰 반응을 얻지 못했다.[5]

물론 미국 내에서 한국의 대중음악 차트가 관심을 받게 된

5 미국시장 진출의 성공은 한국의 대중문화시장에서 여러 가지 의미를 갖는다. 문화수입국으로서의 한국의 위치가 서구사회 문화수출국으로 바뀌는 중요한 정치적 의미가 있기 때문이며, 글로벌 시장의 성공 가능성을 확인받을 수 있는 상징적 공간이기 때문이다. 아시아 지역의 한류를 통해 새로운 시장개척에 성공했지만, 미국시장의 안착은 더 넓은 시장 진출의 기회를 보장받을 수 있기 때문이다. 또한 국내 음반시장의 구조적 문제도 많은 연예기획사들이 국내시장보다는 해외진출에 집중하게 만드는 주요 원인이기도 하다.

것은 아시아 지역에서의 팬덤 형성과 미국시장에 진출하려는 연예기획사들의 노력도 중요한 요소로 작용했을 것이다. JYP의 걸그룹 원더걸스는 2009년 〈노바디〉를 가지고 프로듀서인 박진영의 기획과 전략을 기반으로 미국에서의 활동을 시작했다. 국내 활동과 미국 활동을 병행하면서 2009년 〈노바디〉로 빌보드 핫 차트 100에서 76위를 차지하기도 했고, 조나스 브라더스(Jonas Brothers)의 게스트로 북미 투어의 오프닝 가수로 참여했다. 그러나 미국활동 기간 동안 그 이상의 어떤 뚜렷한 성과도 얻지 못했다.[6]

그러나 2011년 8월 미국 빌보드 차트에 케이팝 차트가 신설되고 국내에서 발매되는 음반이 빌보드 차트에 동시에 공개되면서 케이팝 팬층이 더욱 넓어졌음을 알 수 있다. 빌보드 코리아는 2011년 8월 26일, 일본에 이어 한국이 아시아에서는 두 번째로 '빌보드 케이팝 차트'를 신설했다고 밝혔으며, 매주 한국과 미국에서 동시에 발표하는데, 일본과 러시아, 브라질의 빌보드 네트

6 사실상 걸그룹 원더걸스는 국내의 높은 인기를 뒤로하고 미국시장 진출이라는 출사표를 던졌지만, 현재는 국내에서의 인기도 잃고, 사실상 해체 수순을 밟고 있다고 평가되고 있다. 따라서 미국시장 진출이 국내 연예기획사의 진출 전략만으로는 성공할 수 없다는 것을 보여준 대표적인 사례가 되었다. 시장 진출의 성공은 팬층의 확보가 일정 정도는 전제되어야 가능하다. 앞서 우연한 기회에 한류 붐이 일었던 것을 고려해야 하고, 미국시장 내에서 한국의 대중음악 혹은 대중문화는 주류보다는 마이너리티 문화라는 것을 전제로 해야 하며, 미국 대중문화의 특징을 전제로 수출전략을 고려해야 할 것이다.

워크를 통해서도 차트를 공급한다고 밝혔다.[7] 그만큼 한류문화 팬덤이 넓어졌으며, 케이팝의 경제 · 문화적 가치가 달라졌음을 상징적으로 보여주는 사례이기도 하다.

이와 더불어 국내의 대표적 연예기획사들은 약간의 차별적 행보를 보이고 있지만, 미국시장이나 유럽시장으로 진출할 활로를 모색하기 위해 꾸준히 노력해왔다. 이렇게 변화된 움직임은 빌보드 차트에 케이팝 차트가 신설된 것과 함께 최근 케이팝에 열광하는 해외 팬들이 아시아에서 서구사회로 확산되고 있음을 감지했기 때문이다. 케이팝에 대한 관심이 높아짐에 따라 해외 시장에 진출하기 위해 유명 연예기획사, 방송사, 정부 등의 주요 주체들을 중심으로 해외 활동을 위한 노력을 시도해왔다. 이미 유명 연예기획사들은 프랑스 파리, LA와 뉴욕 등 미국의 대표적인 도시에서 콘서트를 개최했으며, 지상파 방송사도 이러한 흐름에 편승하기 위해 자사의 음악 프로그램 방송을 해외에서 개최하는 초강수를 두기도 했다.

가장 먼저 포문을 연 SM은 2010년 9월 미국 LA '스테이플 센터'에서 SM 소속 가수들이 참여하는 'SMTOWN LIVE WORLD TOUR'를 시작으로 2011년 6월 파리, 2011년 10월 뉴욕 '매디

7 파이낸셜뉴스, "빌보드 K 팝 차트 신설, 아시아에서는 두 번째, '첫 1위는 씨스타'", 《파이낸셜뉴스》, 2011. 8. 26.

슨 스퀘어 가든'에서 콘서트를 열었다. 이후 SM의 콘서트에 대해서는 여러 가지 평가가 이루어졌다. SM이 주최하는 기획콘서트라는 점에서 자사의 홍보 용도로 활용된 콘서트일 뿐이라는 비판적 시각이 있기도 하고, SM의 글로벌 브랜드를 더욱 알리고 글로벌 팬덤을 확인할 수 있었던 콘서트였다는 평가도 있었다.

이와 같은 평가가 존재했지만, 여전히 미국시장 진출은 국내 많은 미디어 생산주체들의 주요 목표가 되었다. 지상파 방송사 역시 여기에 합류했다. 케이팝이 서구사회에까지 확장되기 전 동아시아 지역의 케이팝 팬들이 주로 소비했던 콘텐츠 중 하나가 바로 한국 방송사의 음악방송이었기 때문이다.[8]

특히 KBS는 'KBS WORLD'라는 채널이 전제되어 있기에 훨씬 유리한 위치를 지니고 있다고 볼 수 있다. 따라서 연예기획사가 직접 주최하는 콘서트 외에 방송사 음악 프로그램의 해외 원정은 더욱 큰 의미가 있다. 연예기획사들 역시 가수 마케팅에서 중요한 기반이 바로 방송사의 음악 프로그램이므로 수많은 스케줄이 계획되어 있음에도 방송사의 요구를 거절할 수 없는 메커니즘이 존재한다. 또한 해외 팬들의 경우 이와 같은 지상파의 음악방송은 케이팝의 대표적 아이콘인 아이돌 그룹, 가수들

8 국내 지상파 방송사는 각각 MBC 〈음악캠프〉, SBS 〈인기가요〉, KBS 〈뮤직뱅크〉라는 음악 프로그램을 방송하고 있으며, KBS의 경우 KBS월드 채널을 통해 KBS 〈뮤직뱅크〉가 국내외 73개국에서 방송되고 있다.

을 한 자리에서 볼 수 있는 기회이므로 현지의 높은 관심을 받는 한류행사이자 이벤트다.

케이팝 아이돌 가수들이 대거 출연하는 국내 지상파 방송사 음악방송의 해외 원정은 여러 가지 잡음을 불러일으키기도 했다. 무리한 해외 원정 스케줄이 진행되면서 해외에서 진행되는 프로그램 제작 준비시간의 부족, 높은 티켓 가격, 기획사들과 협의 없이 진행된 MD(merchandise) 판매 등이 문제점으로 지적되었다. 케이팝이 글로벌 팬덤을 형성하고, 한류문화의 주류적 위치를 차지하면서 해외공연, 지상파 참여 등 여러 가지 시도가 이루어졌다. 그리고 이와 더불어 2012년 미국시장 진출에 성공한 가수 싸이(PSY)로 인해 케이팝의 미국시장 진출 가능성에 무게를 두는 시각도 힘을 얻었다.

기존 케이팝 아이돌들이 따랐던 해외시장 진출과정과 달리 뮤직비디오가 유튜브에서 큰 반향을 일으키면서 일본 혹은 그 외의 동아시아 국가를 거치지 않고 바로 미국시장으로 진출하는 데 성공했다.[9] 그동안 형성되어온 해외시장 진출 단계를 따르지

9 싸이(PSY)의 〈강남스타일〉 뮤직비디오는 2012년 7월 15일 유튜브에 공개된 지 52일 만에 1억 뷰를 넘어섰으며(2012년 9월 4일), 저스틴 비버(Justin Biber) 등을 발굴한 스쿠터 브라운(Scooter Braun)을 통해 미국 스쿠터 브라운 매니지먼트사와 계약을 체결했고, 유니버설 리퍼블릭 레코드와 한국, 일본을 제외한 해외 음반 유통 계약을 체결했다. 그동안 많은 아이돌 그룹이 미국시장에 진출하기 위해 노력해왔으나 가수 싸이의 계약은 그에 비해 매우 빠르게 진행된 편이다.

않았음에도 전 세계적으로 주목받음으로써 소셜 네트워크의 파워와 함께 싸이 음악의 독특함 등이 성공요인으로 평가되었다. 2012년부터 2013년 상반기까지 전 세계에서 주목한 싸이의 음악과 뮤직비디오 영상은 예상치 못했던 반응이었으므로 그와 유사한 콘텐츠를 생산해야 한다는 부담감이 컸고, 그의 두 번째 음악과 뮤직비디오는 이러한 부담감을 여실히 드러냈다. 인기요인에만 집중한 과장된 요소들은 〈강남스타일〉의 인기를 유지하지 못했다. 하지만 〈강남스타일〉의 성공은 싸이를 미국 음악 시장 진출을 가능하게 했다. 미국 유명 토크쇼에 등장하고, 모국어와 영어를 자유롭게 구사하는 싸이의 모습은 한국 국민에게 미국시장 진출에 성공한 엔터테이너로 비쳤다. 이후 '광화문대첩'이라 불리는 싸이의 콘서트 이벤트는 이러한 그의 이미지를 극대화시켰다.

이와 같이 한국의 대중음악이 서구사회에서 폭발적인 인기를 끈 사례들은 매우 반길 만한 상황이지만, 한 가수의 성공 사례를 한류 전체의 성공으로 인식하고 담론을 형성하는 것은 비판적 시각을 가지고 봐야 한다는 의견도 많았다. 그동안 지적되어온 대형 기획사와 정부, 미디어 중심의 한류 담론이 가지고 있던 문제점들을 덮어버리고 산업육성 중심으로 담론의 방향이 돌아섰기 때문이다. 앞서 일본과 중국에서의 '혐한류' 논란이 그랬듯이, 미국에서도 유사한 현상이 나타났다. 2012년 12월 9일 미국 워싱턴 백악관 근처 '국립건축박물관'에서 열린 크리스마스 인 워싱턴(Christmas in Washington) 공연에 오바마 대통령 가족이 참석한 가운데 가수 싸이가 피날레를 장식했다. 이 공연 전 과거 싸이가 선정적인 반미 노래를 불렀다는 사실이 알려지면서 미국 내 인터넷 언론(MEDIAITE, www.mediaite.com)을 중심으로 이 공연에 싸이가 참석하는 것이 부적절했다는 주장이 제기되었다. 싸이는 과거 자신이 그러한 퍼포먼스를 벌일 수밖에 없었던 상황을 설명하고, 그 당시 사용했던 언어나 표현이 부적절했음을 사과했다.[10] 이와 같이 문화교류 과정에서 경험하게 되는 국면들은 문화와 문화 간의 절합(articulation)을 관찰할 수 있는 사례이기도 하다.

최근 아이돌 그룹을 중심으로 폭발적인 인기를 끌고 있는 케이팝은 한국 대중문화, 대중음악의 역사적 발전과정, 미국 중심 서구문화의 내면화, 그리고 최근 미국 중심의 글로벌 문화 형성에 균열이 발생하면서 탈지역화된 대중문화의 중요한 생산자로서 일본을 비롯한 홍콩과 한국이 부상했다. 그리고 이것은 문화생산의 주체로서 생산자인 서구와 수동적 수혜자로서의 아시아를 포함한 비서구를 가르는 기존 인식에 일정한 균열과 변화를 일으키게 되었다. 이기형(2005)은 "문화생산 측면에서 아시아를 기점으로 한 대중문화물의 부상은 과거에는 주변화되거나 관

10 정진영, "오바마 미 대통령 '반미 논란' 싸이 공연 참석", 《헤럴드경제》, 2012. 12. 10.

심을 끌지 못한 비서구권이 생산해내는 지역적이고 문화적인 스타일과 차이들이 '표준화'와 '혼성화' 혹은 '혼성적 모방' 과정을 거치면서 탈지역적으로 이동되고 수용되는 문화상품 속에서 선택적으로 채택되는 양상을 부각시켜준다"고 설명한다.[11]

한류 관련 많은 주체들이 한류의 주요 수용지인 동남아시아를 잘 알지 못한다는 데 대해 많은 학자들은 입을 모으고 있다. 국내의 동남아에 대한 인식은 미디어의 재현방식에 상당 부분 영향을 받고 있기 때문이다. 동남아인은 주로 문제적 인물로 표상되거나 한국 사회 하위자의 환유로 사용되고 있다. 동남아시아는 큰 의미를 부여받지 못한 공간이며 진지한 앎의 대상이 아니었다.

한국의 서구 지향적 '개발국가'는 우리의 아시아적 정체성을 부정하고 억압했으며, 민족국가 건설의 필요성과 이데올로기적 갈등 상황은 일본과 중국에 대한 정당한 지식축적도 방해했다. 그리고 이러한 아시아에 대한 무지는 '문화적 근접성'으로 이어졌다. 텍스트에 재현된 유교적 가치관과 유사한 외모의 배우 등을 한국 드라마가 일본 및 대만, 중국의 수용자에게 소구하는 요인으로 설명했으며, 동시에 유교문화권 너머에서의 한류 전개

11 이기형(2005), "탈지역적으로 수용되는 대중문화의 부상과 '한류현상'을 둘러싼 문화정치", 《언론과 사회》 13(2), 189-213쪽 참고.

를 비관적으로 전망하는 데 일조했다.

하지만 문화적 근접성 이론은 중국, 대만, 일본 드라마가 '역으로' 한국에서 소수 팬덤 이상의 수준으로 발전하지 못하는 점을 설명하지 못하며, 문화적으로 근접하지 않은 지역(말레이시아, 이란, 짐바브웨, 멕시코, 프랑스 등)에서의 한류의 발전에 따라 설득력이 약해졌다. 결국 지역적 수용에서 임의적 조건에 주목해야 한다는 것이다. 다시 말해 한류 콘텐츠와 수용국의 정치, 사회, 기술적 요인 간의 상호작용이 불러일으키는 문화적 의미를 경험적으로 고찰해야 할 것이다.[12] 또한 동남아 각국은 인도, 중국, 이슬람 문명의 유입, 서구에 대한 오랜 식민주의 경험 등을 통해 "복수의 문화적 경험"을 실천해왔다는 점도 고려해야 한다.[13]

그러나 이러한 비판적 시각들이 국내에 수용되기도 전에 케이팝이 동아시아 이외의 서구사회에서도 인기를 끌게 되면서 동아시아를 넘어 '미국시장 진출'로 눈을 돌렸다. 동아시아 이외의 지역에서 케이팝에 대한 팬덤이 형성되고 해외 미디어 매체에 노출되기 시작하면서 글로벌시장의 상징적 장소인 미국시장 진출에 열을 올리고 있다.

12 심두보(2012), "다양한 외래문화를 선택적으로 수용할 뿐", 《신문과 방송》 498, 2012년 6월호, 20-24쪽.

13 김수정(2012), "동남아에서의 한류의 특성과 문화취향의 국가적 흐름", 《방송과 커뮤니케이션》 13(1), 5-53쪽.

문화체육관광부와 한국문화산업교류재단은 2012년 11월 중국, 일본, 대만, 태국, 미국, 브라질, 프랑스, 영국, 러시아 등 9개국 15세 이상 50세 미만 성인 남녀 3,600명을 대상으로 해외 한류 효과를 조사했다. 조사 결과 아시아 지역에서는 케이팝 가수들의 외모가 주요 인기요인으로 나타났다. 미주와 유럽에서는 자국 문화와 차별적인 한국 문화의 독특함, 동양문화에 대한 신비감 등이 주요 요인으로 나타났다. 하지만 이에 반해 한류를 저해하는 주요 요인으로는 콘텐츠의 획일성과 지나친 상업성이 가장 큰 요인으로 나타났다.[14]

결국 한류를 대중문화의 현상이자 교류로 바라보기보다는 수출상품이자 한국 브랜드를 알리는 수단으로만 바라볼 경우 국내외 팬들과의 소통은 불가능해질 것이다. 대중문화를 소비하는 팬은 단순히 문화산업이 제공하는 텍스트의 소비에 만족하지 않고 스스로 새로운 텍스트를 생산함으로써 한층 능동적인 문화 실천을 보여주기 때문이다.

14 문화체육관광부 · 한국문화산업교류재단(2012), 〈해외한류조사결과보고: 아시아, 미주, 유럽 지역 대상〉, 9-11쪽.

2.
문화와 경쟁의 공존, 케이팝

아이돌 가수가 케이팝이라는 음악 장르를 형성하며 한류문화의 선두주자로 자리 잡았다는 사실은 언론보도나 소셜미디어를 통해 확인할 수 있다. 하지만 언론에서 주목하는 아이돌 가수가 되기 위해서는 상상을 초월하는 경쟁과정과 데뷔 후에도 꾸준한 노력을 해야 한다.

2015년부터 2017년까지 데뷔한 아이돌 그룹의 수를 살펴보면, 2015년 47개 팀, 2016년 43개 팀, 그리고 2017년 48개 팀이 데뷔했다. 3년 사이 데뷔한 팀이 138개 팀이다.[15] 아이돌 그룹은 개인이 아닌 팀으로 구성되므로 아이돌 가수의 수가 138명을 넘

15 Bzconomist, "2017년 대한민국 아이돌 산업 리뷰", 《경영 경제 금융 놀이터》, 2018. 1. 31.

어서는 것은 당연하다. 하지만 케이팝시장에서 주목하는 아이돌 그룹은 소수다. 아이돌 가수가 되기 위해 아이돌 연습생 생활을 선택한 지원자들은 구체적으로 파악되지 않지만, 언론에서는 아이돌 연습생 수를 '백만 명'으로 추정한다.[16] 7~8년 전부터 언론에서는 아이돌 연습생을 '백만 명'이라 추정해왔는데, 이 시기는 가수 오디션 프로그램이 붐을 일으키며 일반인 지원자들의 가수 지원 과정을 리얼리티 쇼를 통해 볼 수 있었던 때이기도 하다. 가수 지망생들을 대상으로 하는 학원까지 성행하던 때였는데, 이러한 산업구조가 현재까지 이어져오고 있으며, Mnet의 〈프로듀스101〉의 인기로 아이돌 연습생부터 아이돌 가수 데뷔 활동을 결정짓는 구조가 나타나게 되었다. 미디어에서는 아이돌 가수의 시작인 연습생 간의 오디션에 관심을 갖기 시작했고, 이를 계기로 미디어가 아이돌 가수 데뷔 전에 연습생 오디션, 연습생 간의 경쟁 등 경쟁과정을 중계하고 아이돌 가수들의 삶을 담아내기 시작했다.

또한 최근 국내 대형 엔터테인먼트 회사의 수익률이 기하급수적으로 올라가면서 대중문화의 영향력뿐만 아니라 음악산업 그리고 한류문화산업에서도 중요한 대상이 되었다. JYP와 SM은

16 권란, "너도나도 연예인… '아이돌 고시' 그 현실은?", 〈SBS 8시 뉴스〉, 2011. 7. 3.

시가총액 1조 원대라고 평가되고 있다.[17] 소속 아이돌 그룹의 꾸준한 인기와 더불어 엔터테인먼트 회사들의 사업 다각화 방식이 효과를 발휘한 것이라 평가되고 있다. 여기에 빅히트엔터테인먼트가 소속 아이돌 그룹인 방탄소년단의 성공으로 그 가치가 2조 원대에 육박한다는 언론보도도 등장했다.[18]

또한 국내 최대 그룹인 CJ ENM은 빅히트엔터테인민트와 합작법인을 세워 전 세계에서 오디션 프로그램을 진행하여 글로벌 아이돌을 키워나간다는 계획을 발표했다. CJ ENM이 52%, 빅히트가 48%의 지분을 보유하는 합작법인 형태다. 종합 콘텐츠 기업인 CJ ENM은 이번에 처음으로 엔터테인먼트시장에 뛰어든다. 합작사는 전 세계에서 오디션 프로그램을 기획 및 제작해 글로벌 스타들을 발굴할 예정이다.[19]

CJ ENM은 지난 2009년 〈슈퍼스타K〉, 2012년 〈쇼미더머니〉, 2016년 〈프로듀스101〉, 2017년 〈프로듀스101-시즌2〉, 2018년 〈프로듀스48〉까지 각종 오디션 프로그램을 제작해왔는데, 프로그램 제작에서 좀 더 적극적 방식으로 음악 엔터테인먼

17 김동현 · 노유정, "'1조 클럽' JYP엔터, 19개월 만에 6배 뛴 비결", 《한국경제》, 2018. 8. 23.

18 박호현, "'BTS' 소속사 빅히트, 기업가치 8,000억선에 평가돼… IPO도 당분간 수면 밑으로", 《서울신문》, 2018. 10. 12.

19 CJ ENM, "방탄소년단 소속사와 합작회사 설립", 《연합뉴스》, 2018. 7. 31.

트산업에 참여하려는 움직임을 보이고 있다. CJ ENM은 미디어에 커머스를 접목하기 위해 CJ오쇼핑과 합병한 데 이어 인기 아이돌 지식재산권(IP) 확보를 위한 플레디스엔터테인먼트 인수를 추진했다. 이어 빅히트와 합작사 설립을 통한 엔터테인먼트시장 진출도 결정했다. 일련의 과정은 콘텐츠 제작을 넘어 수익성을 추구하기 위한 방식이라고 평가된다.[20]

아이돌 문화와 한류 문화산업에 대한 논의는 다양한 이슈를 중심으로 연구가 진행되어왔다. 시기별로 주목해야 할 이슈가 존재했지만, 1990년대 후반부터 시작된 아이돌 그룹의 활동이 현재까지 어떤 방식으로 팬덤을 형성하고 문화산업으로서의 경쟁력을 유지하는지, 그 과정에서 활용되는 전략과 대중의 아이돌 소비방식의 변화 등으로 정리할 수 있을 것이다. 아이돌 가수의 이미지를 성애화하는 방식, 아이돌 팬덤의 형성과정에서 나타나는 다양한 운동을 평가하는 방식으로서 하위문화로서의 팬덤 활동, 그리고 민족주의적 시각에서 한류 문화를 개발하는 과정에서 나오는 문제들이 이에 해당한다.

이를 좀 더 자세히 살펴보면 다음과 같다.

첫째, 여성 아이돌 가수를 중심으로 미디어 이미지를 통해 성애화하는 방식에 다양한 층위가 결합하며, 여성 아이돌 가수

20 김성미, "CJ ENM, 빅히트 손잡고 첫 합작 엔터사 설립", 《더벨》, 2018. 8. 2.

의 이미지가 계속 재생산되고 있다는 비판적 논의가 있다. 조수선(2015)은 뮤직비디오에 나타난 폭력과 성별 고정관념 관련 내용분석을 통해 청소년들에게 여성이 폭력의 피해자가 될 수 있는 '성역할 고정관념'을 공고히 할 수 있다는 문제점을 비판하기도 했다.[21]

이수안(2014)은 아이돌 그룹의 공연과 뮤직비디오 등에서 나타나는 젠더 디스플레이(gender display)를 통해 아이돌 그룹의 연예상품에서 젠더 디스플레이가 한류를 지원하는 정책, 이윤추구의 연예기획사, 그리고 소비 대중의 팬덤이 상호 연동되어 양극화된 젠더 디스플레이와 성애화된 몸 이미지 재현의 방식을 추동하고 있다고 주장한다. 특히 남성 아이돌 그룹과 여성 아이돌 그룹의 미디어 이미지가 확연히 차별적 젠더 디스플레이를 보여준다는 것이다.[22]

김수아(2013)는 케이팝과 신한류의 성공을 자축하는 지상파 방송의 다큐멘터리 분석을 통해 신한류 담론의 특성과 의미화 방식을 살펴보았다. 다큐멘터리의 주요 이야기 구조는 제작이라는 측면을 비추지 않은 채 아이돌 스타의 열정, 노력과 그에 감명

21 조수선(2015), "국내 뮤직비디오에 나타난 성역할 고정관념: 노래 장르와 성별 차이를 중심으로", 《한국문화콘텐츠학회논문지》 14(7), 58-69쪽.

22 이수안(2014). "대중문화 공연에 재현되는 양극화된 젠더 디스플레이와 몸 이미지의 성애화 방식", 《한국여성학》 30(4), 233-268쪽.

을 받은 '글로벌'한 팬덤의 열정을 담는 것으로 구성되어 있었다. 이는 국가의 문화 정책 담론, 그리고 신자유주의적 성공 담론과 결합하면서 사회적 의미를 만들어낸다고 보았다.[23]

둘째, 아이돌 팬덤에 대한 시각은 대중문화산업에 대한 시각에 따라 달라질 수밖에 없다는 것이며, 사회 내 주류 담론에 대한 저항적 실천이자 자생적으로 생산하고 공유하는 문화인 청년문화와 비교해 '시장 자본의 논리'가 주도하는 대중음악산업의 소비자는 본질적으로 수동적일 수밖에 없다는 시각이다. '팬덤'이라는 표현이 보편화되기 이전 '오빠부대' 혹은 '빠순이'로 불리는 소녀 팬들에 대한 논의에 주목하는데, 소녀 팬들을 '빠순이'라고 부르기 시작한 것은 '서태지와 아이들'이 은퇴하고 기획사들이 대량으로 아이돌을 만들기 시작한 1990년대 중반이며, 빠순이는 팬을 여성이자 미성년으로 불완전하고 주변적인 존재로 간주했던 당시의 사회 분위기를 반영한 것이라 평가된다.[24] 2000년대 중반 이후 팬덤 내 구성원이 다양해지면서 미성년자 팬뿐만 아니라 20~30대 이상의 팬문화가 형성되기 시작하면서(이소현, 2009) 아이돌 팬덤의 커뮤니티 운영방식이나 아이돌 그룹을 선망

23 김수아(2013), "K-POP과 신한류에 대한 텔레비전 담론: 다큐멘터리 프로그램의 글로벌 성공 이야기 구조를 중심으로", 《언론정보연구》 50(1), 45-83쪽.

24 김훈순 · 김민정(2004), "팬픽의 생산과 소비를 통해 본 소녀들의 성 환타지와 정치적 함의", 《한국언론학보》 48(3), 330-353쪽.

하는 방식의 차이를 분석하기 시작했다.

'빠순이'에서 시작한 팬덤의 활동이 오랜 시간 지속되면서 능동적 판단과 아이돌 가수에 대한 소속사의 문제 제기 같은 적극적 활동을 하는 등 과거와는 조금 다른 방식으로 팬덤을 분석하기 시작했다. 정민우 · 이나영(2009)은 2000년대에 나타난 팬덤의 정체성을 '2세대 팬덤'이라고 명명하며 팬덤의 근본적 성격이 변했음을 논의한다. 스타를 유동적으로 선택하고 향유하는 '고객'의 정체성과 아이돌을 육성하고 관리하는 매니저와 유사한 '엄마'의 정체성으로 변모했다는 것이다.[25] 김호영 · 윤태진(2012)은 아이돌 시스템에 대한 구체적 접근을 시도한다. 아이돌 시스템은 기획사, 대중매체 등을 통해 이루어지는 제도적 영역의 시스템과 팬들에 의해 운영되는 체계적이지만 효율적인 비공식적 시스템이라는 이중적 구조로 되어 있다는 것이다.[26]

셋째, 최근 아이돌 가수들의 활동을 노동과정으로 바라보고 그 과정에서 나타나는 문제를 지적하는 연구도 등장했다. 문강형준(2010)은 대형 기획사의 시스템에 의해 10대 소녀들이 학교

25 정민우 · 이나영(2009), "스타를 관리하는 팬덤, 팬덤을 관리하는 산업: '2세대' 아이돌 팬덤의 문화실천의 특징 및 함의", 《미디어, 젠더&문화》 12, 191-240쪽.

26 김호영 · 윤태진(2012), "한국 대중문화의 아이돌(Idol) 시스템 작동방식: 아이돌 문화 생산 · 소비의 이중적 구조에 대한 탐색적 연구", 《방송과 커뮤니케이션》 13(4), 45-82쪽.

제도와 입시 시스템에 의해 '상품화'되는 방식을 비판한다. 아이돌 가수들이 문화산업에서 생산되는 하나의 상품인 것처럼 10대 소녀들이 '착하게' 학교에서 공부하는 시간 또한 대학진학을 통해 자본이 원하는 능력을 갖춘 착한 노동자로 자신을 취업시장에 팔기 위한 상품이 되는 길고 험난한 과정이라는 것을 논의한다.[27] 박성모(2015)는 아이돌 그룹의 사회적 인기 때문에 은폐된 문제 중 임금노동자로서의 아이돌 그룹을 상정하고 다른 산업부문에 속한 임금노동자의 열악한 조건보다 조금도 덜하지 않다는 것을 제시한다. 즉, 아이돌 그룹은 인기 있는 연예인의 외양을 가진 소외된 문화노동자라는 것이다.[28]

이와 같이 아이돌 그룹에 대한 다양한 층위의 논의가 가능한 것은 문화산업시장에 아이돌 그룹이 형성하는 문화자본의 영향력이 커지고 있다는 점, 그러한 큰 시장을 형성하는 주체로서 아이돌 그룹이 수행하는 노동과정에 기획사의 관여도 문제, 그리고 다양한 연령의 팬층이 형성되는 등 대중문화를 형성하는데 중요한 키워드로서의 역할을 하고 있기 때문이라는 것을 알 수 있다.

27 문강형준(2011), "우상의 황혼: 한국사회에서 아이돌은 어떻게 소비되는가", 《시민과 세계》 17, 281-296쪽.

28 박성모(2015), "자본주의사회에서 나타나는 아이돌 그룹의 소외", 《사회과학연구》 31(1), 275-301쪽.

3장
중국 자본의 유입과 한류산업의 전략 변화

한류는 복합적 정체성을 지닌다. 레이먼드 윌리엄스의 논의처럼 '감정의 구조'라고 정의할 수 있는 문화이자 국가 브랜드로서의 역할을 하는 경제적 수익성이 높은 산업의 상품이기 때문이다. 한류문화에 대한 본격적 논의 이전에 문화를 일종의 '과정'이며, '평범한 사람들의 체험된 경험'으로 정의한 레이먼드 윌리엄스의 논의는 참고할 만하다. 한류 역시 특정한 시대의 사람들이 체험하고 공감하는 감정의 구조에 기인하는 것이기 때문이다. 문화적 차이가 존재함에도 같은 콘텐츠를 소비하는 한류 팬덤을 이해하는 데 중요한 근거가 된다. 이와 함께 국내에서 생산된 콘텐츠가 전 세계의 수많은 팬덤을 형성할 수 있었던 원인 중의 하나로 미디어 플랫폼의 역할도 중요했다. 텔레비전 콘텐츠에서 머물지 않고 스마트 미디어를 통해 그 어느 때보다 빠르게 소비되고 폭넓은 팬덤을 형성하고 있기 때문이다. 이러한 한류는 2000년대 초반부터 본격적 흐름을 형성했다.

2000년대 초반 드라마를 통해 형성된 일본의 한류, 2000년대 중반 케이팝의 붐과 2012년 가수 싸이의 뮤직비디오가 전 세계적 관심을 끌면서 글로벌 콘텐츠로 인식되기에 이른다. 이후 아시아 국가에서는 2013년 방송된 SBS 드라마 〈별에서 온 그대〉를 계기로 두꺼운 팬층을 형성했다는 평가도 나왔다. 특히 〈별에서 온 그대〉는 중국 온라인 동영상 사이트 아이치이(愛奇藝)를 통해 한국과 중국의 소비자가 거의 동시에 동일한 콘텐츠를 소비했다는 점에서 특별했다. 방송이 아닌 인터넷 동영상 사이트를 통해 소비되었기 때문이다. 이러한 인기를 기반으로 〈별에서 온 그대〉를 연출한 장태유 감독은 2016년 중국에서 감독으로 데뷔하기도 했다.[1] 이후 2016년 KBS에서 방송된 드라마 〈태양의 후예〉 역시 국내뿐만 아니라 중국에서도 큰 성공을 거뒀다.[2] 이러한 한국 드라마의 중국시장에서의 성공은 한류 콘텐츠가 지닌 스토리텔링의 경쟁력이 여전히 유효하다는 주장에 큰 설득력을 얻게 한다.

1 조혜련, "장태유 첫 영화, 중국까지 뒤흔든 '별그대' 열풍 이을까", 《TV리포트》, 2016. 4. 25.

2 세계일보 이슈팀, "'태양의 후예' 중국에서도 인기 뜨겁다… 한국 넘어 아시아까지 '중기 시대' 열풍", 《세계일보》, 2016. 3. 17.

이렇게 한류 콘텐츠가 최근 중국 내에서 폭발적 인기를 얻으며 큰 수익성도 주목을 받았다. 일본에서의 한류 콘텐츠에 대한 관심이 식을 무렵 새로운 한류시장 활로를 개척하는 데 중국 시장은 매력적 대안이었기 때문이다. 이는 한류 콘텐츠 제작 관련 주체들에게는 희소식이었고, 초기 한류가 주목받았을 당시 일본이 주요 수출 국가였다면 지금은 중국이 되었고, 한류산업의 지형이 변화한 것을 상징하기도 한다. 실제로 국내 인기 예능 프로그램 포맷의 중국 수출 증가뿐만 아니라 국내 전문 인력의 중국 진출 사례도 점차 증가하고 있다.

하지만 최근 몇 년 사이 한류문화의 중국시장 진출에 대한 과정을 자세히 들여다보면, 콘텐츠의 수출 증가를 보여주는 수치만으로 한류산업의 경쟁력이 여전히 유효하며, 한류는 여전히 국가 브랜드로서의 가치를 충분히 지니고 있다고 보기 어려운 상황들이 드러난다는 점이다. 이미 언론보도에서도 많이 언급되었지만, 중국시장의 해외 콘텐츠에 대한 사전심의 기준과 해외 기업에 대한 제도적 규제 등이 국내 콘텐츠 산업에 영향을 미치고 있기 때문이다. 이와 함께 중국 자본이 국내 영상산업 제작 영역에 미치는 영향력이 점차 커지면서 자유로운 콘텐츠 주제와 소재 선택보다는 중국 정부의 규제기준과 중국 소비자의 기호를 먼저 생각하게 되는 이상한(국내에 불리한) 제작환경이 구축될 수 있다는 위기의식도 커지고 있다. 이미 중국은 해외 콘텐츠시장에 진출해 제작사와 배급사 등을 인수하고 있어 국내에서 형성되고 있는 위기의식 담론이 타당한 것임을 보여주고 있다.

일례로 중국 부동산 재벌이자 대기업인 완다그룹은 미국 내 대표적인 극장 체인인 AMC(AMC Entertainment)와 카마이크(Carmike Cinemas), 호주 제2위 극장 체인이자 독점적 극장 광고회사인 호이트(Hoyts)그룹, 그리고 유럽 최대 극장 체인인 오디언 앤드 UCI(Odeon & UCI Cinemas)를 인수 · 합병했다. 2016년에는 〈인터스텔라〉, 〈쥬라기공원〉 등을 제작한 할리우드 메이저 영화사 레전더리 엔터테인먼트(Legendry Entertainment)를 인수했다.[3]

다시 우리의 상황으로 돌아와 본다면, 그동안 제작 스태프와 배우 등의 인적 교류가 특징을 이뤘던 한 · 중 합작은 점차 중국 자본이 한국의 영화 및 콘텐츠 회사를 인수 · 합병하는 것으로 변모하고 있다는 점에 주목해야 한다. 이에 반해 국내 방송 콘텐츠시장은 지상파와 케이블 간의 경쟁, 주요 콘텐츠 수출국으로서의 중국에 대한 의존 경향 심화, 중국 자본의 국내 제작사 및 기획사 지분 투자 증가 등이 나타나면서 안정적인 콘텐츠 제작 환경을 구축하지 못하고 있다. 게다가 전문 인력의 잦은 이동과 중국시장으로의 진출이 이어지면서 안정적 제작 생태계 구축이

3 심두보(2016), "중국의 문화굴기와 한국 문화산업: 한류는 차이나 머니의 파고(波高)를 뛰어넘을 수 있을까?", 《인문사회 21》 7(4), 833-858쪽.

점점 어려워지고 있는 상황이다.

따라서 매번 반복적으로 언급되었던 한류의 위기 담론이 있었지만, 지금의 '위기 담론'은 기존과는 또 다른 맥락에서 이루어져야 한다. 현재 국내 방송 콘텐츠시장의 경우, 중국 자본의 국내 콘텐츠시장 유입과 중국에 대한 수출 의존 경향이 높아지면서 경제적 수익구조뿐만 아니라 콘텐츠의 성격도 타의(중국)에 의해 조정해야 하는 문제적 상황에 처해 있기 때문이다.

실제로 최근 중국에서 방영될 당시 드라마 〈별에서 온 그대〉, 〈태양의 후예〉는 중국 내의 사전심의로 인해 내용이 편집되었고, 케이팝 가수들에 대한 중국 내의 정치적 선택과 요구를 강요하는 사례들도 빈번하게 일어나고 있다. 〈마이 리틀 텔레비전〉에서 대만 국기를 흔든 쯔위에 대한 중국 팬의 비난, 그리고 대형 기획사인 JYP가 중국시장을 고려해 쯔위로 하여금 사과 영상을 남기게 한 사건, 중국의 남중국해 영유권 주장에 대해 법적 근거가 없다는 네덜란드 헤이그 상설중재재판소(PCA)의 판결이 나온 후 소녀시대 윤아의 인스타그램에 중국 네티즌이 "중국서 계속 돈 벌고 싶으면 빨리 입장을 표명하라"고 요구한 사건도 있었다.[4] 국내에서 활동하는 걸그룹의 중국 멤버들이 모두 SNS에 '남중

4 김윤정(2016), "남중국해 입장 표명 강요받는 소녀시대 윤아… 그저 인기 탓?", 《오마이뉴스》, 2016. 7. 13.

국해는 중국 영토'라는 의미의 글을 남긴 후 중국에서 활동하는 소녀시대 윤아에게도 같은 글을 남길 것을 요구한 것이다.[5] 2009년 쌍용자동차의 법정관리를 신청하며 경영권을 포기한 상하이자동차가 사실은 한푼의 투자도 없이 쌍용자동차의 핵심기술과 연구원을 빼돌린 사례(신상민, 2014; 김유리 · 차현아, 2016, 심두보, 2016)도 중국 자본유입을 반길 수만은 없는 이유다. 또한 한류에 대한 붐이 일 때마다 국내 제작 생태계를 구축하지 못하고 위기 담론이 형성되는지에 대한 관련 기관의 깊이 있는 고민이 필요한 때임을 같이 논의하고자 한다.

5 지난 12일(현지 시간) 중국의 남중국해 영유권 주장에 대해 법적 근거가 없다는 네덜란드 헤이그 상설중재재판소(PCA)의 판결이 나온 이후 중국 온라인에서 '#一点都不能少#' 물결이 일고 있다. 중국 소셜미디어 웨이보에서는 "(중국은) 조금도 작아질 수 없다"는 의미의 '#一点都不能少#' 해시태그를 추가하며 상설중재재판소의 남중국해 판결에 반발하는 누리꾼이 많다. 일반 대중뿐 아니라 중국 연예인들도 이 행렬에 참가했다. 중국 유명 배우 판빙빙은 12일 자신의 웨이보에 "이것이 바로 중국이다. 조금도 작아질 수 없다"는 글을 남기며 남중국해까지 중국의 영토로 포함된 지도 이미지를 공유했다. 국내에서 활동 중인 중국 국적 연예인들도 예외는 아니다. 그룹 미쓰에이 멤버 페이와 에프엑스의 빅토리아, 그리고 피에스타의 차오루도 동참했다. 이들은 모두 자신의 소셜미디어에 "중국은 조금도 작아질 수 없다"는 글과 이미지를 공유하며 입장을 밝혔다. 황지혜, "남중국해 판결에 유역비, 빅토리아, 차오루, 판빙빙 등 中 연예인 발끈",《동아일보》, 2016. 7. 13.

1.
아시아 국가 간의 이익관계에 영향을 받는 한류

한류 붐과 혐한류

동아시아 지역에서 활발하게 나타난 한류 붐은 초기에는 매우 생경한 현상이었다. 동아시아라는 공통점이 존재한다고 하지만, 한국이라는 로컬 지역에서 생산된 문화가 한국뿐만 아니라 국경을 넘어 다른 국가의 수용자에게도 큰 인기를 끌 수 있다는 사실을 한류 형성 초기에는 받아들이기 어려웠다. 이후 한류에 대한 다양한 담론이 형성되기는 했지만, 대체로 민족주의적 · 경제중심주의적 시각이 주를 이루었다. 1990년대 후반부터 현재까지 한류는 여전히 한국 문화산업에 큰 이익을 가져다줌과 동시에 세계시장 진출을 위한 교두보로 여겨지고 있다.

그러나 국내에서는 동아시아를 세계화 가능성을 타진해볼 수 있는 동시에 한국 상품의 우수성과 한국 문화의 자긍심을 가져다주는 역할으로서만 바라봤다. 거시적으로 본다면 한류는 다양한 문화현상 중 하나라고 볼 수 있지만, 한국 대중문화의 해외 진출이 이루어지면서 정부 관련 기관, 엔터테인먼트 기획사, 방송사 등 관련 주체들의 적극적인 개입으로 대중문화현상이라기보다 하나의 산업으로 인식되었다.

한류에 대한 인기가 지속되면서 동아시아 지역의 수용자가 자발적으로 인터넷을 통해 커뮤니티를 형성하여 정보를 교류할 뿐만 아니라 직접 한류 관련 이벤트에 참여하기 위해 한국을 방문하는 사례가 증가했고, 해외 팬들은 미디어를 통해 한국 문화를 이해하는 것에서 더 나아가 직접 체험하는 사례도 늘어났다. 실제로 이러한 현상은 문화교류 과정으로 중요한 의미를 지니지만, 국가에서는 한류상품을 구매하는 소비자로서만 대했다. 이러한 국가 주도의 한류문화 수출과정에 대한 노력은 타 국가에 대한 문화적 이해도와 문화유입 시간을 고려하지 않았고, 결국 중국, 일본, 대만을 비롯한 한류 수용국에서 '혐한류'가 나타나기 시작했다. 일본의 경우 인터넷 사이트에서 혐한류 만화가 유통되었고, 중국과 대만에서는 해외 방송 콘텐츠 수입규제 제한 조치 또는 방송 쿼터제를 실시했다.

이러한 아시아 국가의 반응으로 국내에서는 한류 회의론 등이 고개를 들기 시작했다. 이와 함께 심두보(2013)는 기존의 한류가 동아시아에서 확산하는 과정에서 국가주의[韓]가 지나치게 강조되어 보편주의[流]가 간과되었기 때문이라고 설명했다. 아시아 지역에서 '혐한류' 붐이 일어나는 요인이 여기에 있다고 보는 것이다. 또한 아시아에 대한 이해가 부족해 '문화적 근접성'만으로 한류현상을 설명하려는 것은 동아시아에서의 한류를 이해하는 데 한계가 있다고 지적한다.[6]

당시의 혐한류 특징을 정리해보면 국내 문화산업의 위축 등이 가세한 시각에서 나타난 것이다. 그러나 최근에는 그와 함께 정치적 입장이 반영된 방식의 특징을 보인다. 〈마이 리틀 텔레비전〉에서 대만 국기를 흔든 쯔위에 대한 중국 팬의 비난과 이에 대한 사과 영상, 남중국해 논쟁 당시 소녀시대 윤아에 대한 중국 네티즌의 답변 요구가 그랬다. 당시 국내에서 활동하고 있는 중국인 멤버들은 약속이라도 한 듯이 남중국해가 중국의 영토임을 지지하는 글을 SNS에 올렸다. 2015년 삼일절에 걸그룹 소녀시대 멤버 써니의 인스타그램에서의 발언과 2016년 애프터스쿨 리지가 SNS에 올린 독도 사진은 일본 팬의 질타를 받는 근거가 되기도 했다. 결국 동아시아 지역 내에서 국가 간의 정치적 관계,

6 심두보(2013), "동남아시아의 한류: 싱가포르의 경우를 중심으로",《동남아시아연구》 23(1), 277-311쪽.

과거 역사적 관계들이 대중문화에 투영되었고, 한류 콘텐츠에도 이러한 정치적 이해관계 등이 반영될 수밖에 없다.

장규수(2011)는 '한류'로 지칭되는 한국 대중문화의 확산이 아시아의 정치 · 경제적 발전의 순서에 따라 순차적으로 기회를 얻은 것이지 한국 콘텐츠가 우수해서라고만 보는 것은 지나친 자기중심적이라고 평가한다. 아시아는 경제발전의 순서에 따라 10년 주기로 특정 국가의 문화가 유행을 주도하는 경향을 보였는데, 1980년에는 홍콩 영화산업, 1990년에는 일본 TV 드라마, 애니메이션, 게임, 1990년대 후반에는 한국 TV 드라마와 음악 등이 인기를 끌어왔다는 것이다.[7]

그렇다면 이 지점에서 우리는 경제적 순환구조와 사회정치적 상황에 따라 흥망성쇠라는 결과만을 지적하기보다 문화를 주도했던 콘텐츠시장이 어떻게 다른 국가에게 그 자리를 내주게 되었는지 그 원인을 살펴봐야 할 것이다. 한류의 인기요인에는 한류 콘텐츠만이 지니고 있는 창의성과 스토리텔링의 강점이 분명히 존재하지만, 콘텐츠의 우수성 기준을 획일적으로 정의하기 어려운 것이 바로 '문화'이기 때문이다.

7 장규수(2011), "한류의 어원과 사용에 관한 연구", 《한국콘텐츠학회논문지》 11(9), 166-173쪽.

대만 · 홍콩 영상산업정책의 명과 암

한류가 인기를 끌기 이전 아시아 국가에서는 일본과 대만, 홍콩 등의 콘텐츠가 인기가 높았다. 특히 대만의 경우 〈판관포청천〉(1993), 〈꽃보다 남자〉(2002)를 제작할 정도로 콘텐츠 경쟁력이 높았던 국가다. 당시 아시아 국가에서 경쟁적으로 수입해 편성할 만큼 인기 있는 프로그램을 제작한 국가 중 하나였다. 그러나 방송정책에 정치적 목적이 개입되면서 방송시장의 경쟁이 심화되고 지상파 방송의 경영난이 맞물리면서 제작 능력과 자본력이 악화되었다. 결국 대만의 경쟁력 있는 콘텐츠 제작 환경은 유지되지 못했다. 국내 내수시장이 경쟁이 심화되고 어려워지게 되면서 저비용으로 큰 효율을 볼 수 있는 콘텐츠로서 한국 드라마를 찾게 되었다.

결국 대만에서 한국 드라마 수요가 높아진 것은 1990년대 일본 콘텐츠 열풍으로 일본 드라마의 수입단가가 지속적으로 인상되자 대만 방송 업체들이 문화적 공감대가 유사하고 상대적으로 단가도 저렴한 한국 드라마 수입으로 돌파구를 모색했다. 대만에서 한류 콘텐츠 수입이 급증한 또 다른 이유는 대만 정부의 방송산업 규제의 영향도 컸다. 1999년부터 대만 정부는 유료 방송산업 활성화를 명분으로 케이블산업 자유화를 추진했는데, 방송채널 시장 진입이 자유로워지면서 방송채널이 폭발적으로 증가했고, 케이블산업이 자유화되어 방송시장이 무한경쟁체제로 돌입하면서 유효경쟁 질서가 붕괴되는 방송 환경적 요인도 작용했다고 볼 수 있다.[8]

홍콩이 중국에 반환된 이후 홍콩영화의 중국 영화시장 진출은 중국 영화산업에 새로운 활력이 되었고, 홍콩 영화산업에도 또 다른 활로를 제공해 반환 전 위축되었던 홍콩 영화산업을 활성화시켰다. 하지만 홍콩영화의 중국 영화시장 진출이 긍정적 영향을 미친 것만은 아니었다. 중국 영화시장으로 진출하기 위해서는 중국 정부의 심의를 통과해야 했고, 이 과정에서 홍콩영화의 개성이 약화되었고, 홍콩영화 인력이 중국으로 진출하면서 순수 홍콩영화 제작은 감소되었다.

이러한 홍콩 영화산업의 변화를 가져온 주된 요인은 홍콩이 중국에 반환된 이후 두드러졌다. 중국은 홍콩에 비해 영화산업의 하락세를 보이고 있었는데, 홍콩 반환 이후 홍콩의 영화제작, 연출 노하우, 선진화한 영화산업 운영 시스템이 필요했고, 홍콩은 자본과 새로운 시장이 필요했던 시기였으므로 중국과 홍콩 간의 영화산업 교류는 서로 취약점을 보완하고 영화산업의 경쟁력을 높일 기회였다. 하지만 중국 정부의 통제 정책으로 제한적

8 박석철(2015), "규제와 규제완화: 타이완과 우리나라 방송사업자 진입규제 완화의 파급효과를 중심으로", 《현대사회와 정치평론》 17, 79-96쪽.

인 교류만이 허가된 중국 영화시장 개방은 중국과 홍콩의 영화산업에 실질적인 도움이 되지 못했다. 중국 영화산업은 1990년대와 2000년대 정부의 지속적인 시장화 정책에도 제작 편수, 극장 매출, 관객 수에서 계속 하락세를 면치 못했다[9]. 중국은 WTO 가입 이후 타격 받을 중국 영화산업과 영상시장을 보호 · 육성하기 위해 홍콩 영화산업을 받아들이고자 우대정책을 실시했다. 먼저 중국 정부는 홍콩에 기본적인 우대정책으로 화교정책을 시행했으며, 홍콩 우대정책을 시행해 홍콩이 중국 영화산업과 시장에 지출하는 데 다른 해외 국가에 비해 상당한 우대 혜택을 주었다.

하지만 중국은 홍콩에 영화시장을 개방하면서도 주도권을 놓지 않기 위해 단계적으로 내수 영화시장을 개방했다. 홍콩의 우대정책을 살펴보면 어느 부문도 중국의 심사가 거치지 않는 경우가 없다. 모든 부문과 과정에서 중국 정부의 심사과정을 통과하지 않으면 중국 진출 자체가 허가되지 않았다. 이는 언제든 중국이 홍콩의 중국 진출을 제한할 수 있는 결정권을 가짐으로써 홍콩영화가 중국의 요구에 맞춰야 하고 그 과정에서 홍콩영화가 더 이상 홍콩영화가 아닌, 중국영화에 흡수되는 현상이

9 김진영(2014), "중국반환 이후 홍콩 영화산업의 변화", 《문화정책논총》 28(1), 137-154쪽.

나타나게 된 것이다. 중국이 이렇게 영화시장을 통제하려는 이유는 고부가가치산업을 지키려는 욕망도 있지만, 무엇보다 현재 중국을 통치하는 정부의 기본 이념이나 정치사상이 흔들릴 수도 있다는 통치이념에 대한 두려움 때문이기도 하다.[10]

10 일례로 지아장커 감독의 영화 〈천주정〉(2013)이 칸영화제에서 각본상을 수상하는 등 주목받았지만, 중국 내에서는 상영금지처분을 받았다. 장유안, 장밍 등과 더불어 6세대 감독으로 분류되는 중국의 신세대 감독인 지아장커 감독은 해외영화제에서도 주목받는 감독이다. 그러나 그의 영화 〈천주정〉은 중국사회를 고발하는 이야기를 담고 있고, 실제로 일어났던 문제적 사건들을 소재로 한 영화라는 이유로 상영금지처분을 받았다.

2.
중국 자본의 유입과 국내 영상 콘텐츠시장의 균열

한 · 중 합작과 중국 자본 유입의 증가

2016년 상반기 큰 인기를 끌었던 KBS 드라마 〈태양의 후예〉는 한 · 중 합작 사전제작 드라마다.[11] 〈태양의 후예〉는 한국 드라마가 중국 방송콘텐츠시장 진출과정에서 변화를 선택한 것인데, 넥스트엔터테인먼트(NEW)가 중국 화처미디어와 합작회사를 설립해 드라마를 사전제작한 것이다.[12] 그 외에도 삼화네트웍

11 한류 콘텐츠의 일본 수출규모가 증가한 시기에 한 · 일 합작 드라마도 제작되었다. 드라마 〈아이리스〉의 배우와 제작진은 모두 한국인이었지만, 기획 단계부터 일본의 TBS가 참가하는 등 한국과 일본이 상호 협력해 콘텐츠를 제작한 사례다.

12 강소영, "중국 사드 보복에 멍때린 한중 문화교류, 상호 투자 현황 분석", 《뉴스핌》,

스 · iHQ의 〈함부로 애틋하게〉, 그룹 에이트의 〈사임당: 허 스토리〉, 바람이 분다의 〈보보경심: 려〉, 오보이 프로젝트의 〈화랑: 더 비기닝〉, 〈신데렐라와 네 명의 기사〉 등이 방영되었다.

국내 언론에는 인기 한류스타들의 출연과 해외 판권 계약 등을 이유로 긍정적 전망도 일었지만, 그런 전망은 시기상조일 수 있다. 투자와 제작이 이루어졌다고 해도 중국시장 진출과정에는 넘어야 할 산이 많기 때문이다. 실제로 〈태양의 후예〉는 큰 성공을 거둔 드라마로 평가되고 있지만, 국내 제작 주체들에게 사전제작은 큰 위험을 지닌다. 지금까지 사전제작 드라마가 시청률이 낮음에도 계속 시도될 수밖에 없었던 이유는 최근 중국에서 해외 콘텐츠에 대해 사전제작 완성품만 수출할 수 있는 시스템이 구축되었기 때문이다.[13]

또한 인터넷 동영상 사이트에서도 같은 규제가 적용되면서 사실상 드라마의 실시간 시청은 불가능해졌다. KOTRA에 따르면 이러한 쿼터제로 인해 2015년 드라마 판권 가격은 2014년의 10분의 1 수준으로 폭락했다. 2015년 상반기까지 한국 드라마 제작사 중 70~80%가 적자에 시달렸으며, 쿼터제 검열을 통과하

2016. 8. 8. 재인용.

13 한국에서 제작한 콘텐츠를 수출하는 과정에서 외국작품 쿼터제나 외국 드라마 및 영화의 저작권자는 중국 정부로부터 수여하는 통신매체 전파권을 획득해야 하므로 사전제작 드라마를 만들어야 한다.

〈표 2〉 한국 엔터테인먼트 회사에 투자한 중국 회사

투자 시기	투자 대상	중국 투자자	투자금액	보유자본(%)
2014. 8. 6.	키이스트	써우후(搜狐)	1,500만 달러	6
2014. 10. 9.	넥스트	저장화처(浙江華策)	5,000만 달러	15
2015. 1. 27.	매크로그래프	황자그룹(皇家集团)	700만 달러	40
2015. 6. 16.	레드로버	쑤닝유니버셜(Suning Universal Media)	3,100만 달러	20.17
2015. 8. 26.	초록뱀미디어	DMG	2,100만 달러	25.92
2015. 11. 23.	FNC	쑤닝유니버셜(Suning Universal Media)	2,900만 달러	22
2016. 1. 25.	시그널	화이자신	1,800만 달러	12.62
2016. 2.	SM엔터테인먼트	알리바바	355억 원(한국 원화)	4
2016. 3. 23.	SIM	화이러헝	1억 2,600만 위안	26.50
2016. 3. 23.	HB	화이텐센트	2억 3,000만 위안	30
2016. 5. 27.	YG엔터테인먼트	텐센트 웨이딩스다이	8,500만 달러	4.5 8.2

출처: 바이두바이자(百度百家), 2016; 강소영, "중국 사드 보복에 멍때린 한중 문화교류, 상호 투자 현황 분석", 《뉴스핌》, 2016. 8. 8. 재인용.

는 기간도 최대 6개월까지 소요되는 등 제작자 입장으로서는 부담스러운 구조로 변경되었다. 그럼에도 최근 몇 년 사이 국내 엔터테인먼트사에 투자하는 중국 회사들은 계속 증가하고 있다 (표 2).

국내 엔터테인먼트 기업에 대한 중국 자본의 유입은 단기적으로 중국시장 진출에 훨씬 용이한 기반을 마련했다고도 평가할 수 있지만, 한국에서 제작한 콘텐츠가 중국으로 유입되기 위해서는 가장 큰 두 개의 문제가 해결되어야 한다. 복잡한 사전 심의와 저작권 소유 방식에 대한 이해관계 문제이며, 앞으로도 콘텐츠 수출 과정에서 계속 논쟁적 사안이 될 것으로 예상된다.

해외 콘텐츠에 대한
중국의 사전심의와 규제 강화

2015년 6월 1일, 한 · 중 FTA 타결로 한-중 FTA 내 엔터테인먼트 분야의 합작은 한국 기업의 경우 49%로 투자 비율이 제한될 뿐만 아니라 투자 비율과 관계없이 최종 경영 판단에 대한 권리가 중국 측 투자자에게 귀속된다. 이는 협찬, PPL 등 추가 수익이 크게 나는 분야임을 고려한다면 이후에 발생하는 수익이 중국 기업에 귀속될 가능성이 높다.

또한 2016년 상반기 국내에서 발생한 '사드 배치' 이슈를 통해 한국과 중국의 정치적 관계도 한류에 큰 영향을 미친다는 것을 확인할 수 있었다. 중국의 대형 전자상거래 기업 알리바바는 2016년 2월 SM엔터테인먼트에 355억 원을 투자해 4%의 지분을 가지고 있고, 텐센트도 5월 말 YG엔터테인먼트의 지분 4.5%를 취득했다. 최근 인기 드라마 〈W〉(더블유)의 제작사 초록뱀미디어의 최대 주주는 중국 DMG그룹이다. 유재석, AOA 등 인기 그룹을 다수 보유한 FNC엔터테인먼트 역시 중국 기업인 쑤닝유니버셜이 지분을 22%나 가지고 있다. 따라서 중국 정부의 입장에 따라 국내 엔터테인먼트 기업에 미치는 영향이 적지 않은 상황이 되었다.

앞서 간략하게 살펴본 대만과 홍콩의 방송·영화산업의 상황을 고려해 지금의 국내 상황을 살펴본다면, 해외 자본의 유입, 특히 중국 자본의 유입을 긍정적으로만 볼 수 없다. 중국은 현재 온라인 방영 해외 드라마의 연간 편수를 전체 편수의 30% 미만으로 제한했다. 미성년자의 예능 프로그램 출연 통제와 스타와 자녀가 참여하는 프로그램을 제작할 수 없다는 방침이 결정되면서 〈아빠 어디가 시즌4〉도 제작이 취소되었다.[14] 또한 중국 수출

14 김윤지, "중국은 정말 '기회의 땅'일까", 《이데일리》, 2016. 4. 5.

〈표 3〉 해외 방송 콘텐츠에 대한 중국의 규제

▶ 뉴스와 시사 프로그램의 수입은 금지한다.
▶ 해외 영화 및 드라마는 당일 방송 시간의 25%를 초과할 수 없으며, 주 시청시간대(19:00~22:00)에는 편성을 금지한다.
▶ 해외 드라마의 경우 한 프로그램의 편수가 50회를 넘어서는 안 된다는 규정을 통해 장편 시리즈의 수입을 제한하고 있다.
▶ 드라마를 제외한 기타 장르의 해외 프로그램은 당일 방송 시간의 15% 이내로 편성을 제한한다.
▶ 해외에서 성공한 프로그램의 포맷을 수입해 자체 제작하는 경우에도 위성TV의 해외 프로그램 포맷 수입을 연 1개 이내로 제한하고, 2014년부터 해외 프로그램 포맷 방송을 위해서는 방송 2개월 전에 미리 신청해야 한다.

출처: 신용문(2015), "한 · 중 방송 콘텐츠 교류 현황과 향후 대응방안", 《방송문화》 400, 18쪽.

에 대한 국내 의존도가 커지면서 기획 단계부터 중국 판권 판매를 염두에 두고 제작하는 경향도 점차 늘어날 것으로 보인다.

〈별에서 온 그대〉 이후 중국의 온라인 동영상 사이트를 통한 콘텐츠 소비가 급증하면서 이에 대한 규제도 강화되었다. 중국의 영상 콘텐츠시장은 인터넷을 기반으로 한 자국의 온라인 플랫폼에 의존하고 있으므로 이들에 대한 육성 차원의 정책이 활발하게 이루어지고 있다. 2000년대 초반에는 인터넷의 영향에 대해 크게 신경 쓰지 않았던 중국 정부였지만, 점차적으로 중국의 젊은 세대를 중심으로 인터넷을 통한 한류 및 해외 콘텐츠의 지속적인 유입이 발생하자 이를 규제하는 정책을 내놓고 있는 상황이다. 이에 따라 구글이나 유튜브 등의 세계적인 인터넷 서비스가 중국시장에 진출하는 것을 차단했으며, 알리바바와 텐센트, 바이두, 유쿠/투도우 같은 자국의 인터넷 서비스 기업이 크게 성장할 수 있게 되었다.

또한 중국의 사전심의 제도는 완성된 드라마만을 심의하므로 제작과 방영이 동시에 이루어지는 한국 드라마의 중국 수출을 제어하는 결과를 가져오고 있다. 심의가 이루어지는 데 6개월의 시간이 소요되고, 이 과정에서 중국 내 불법 유통에 쉽게 노출되기 때문이다. 그리고 심의가 완료된 시점에서는 드라마 구매 요인이 사라지게 되고, 결국 구매 단가는 하락하게 된다. 결국 중국시장 수출을 목표로 하는 한국 제작사가 이 상황을 피하려면 사전제작을 채택할 수밖에 없다. 실제로 KBS의 〈함부로 애틋하게〉, 〈화랑: 더 비기닝〉, SBS 〈보보경심: 려〉, 〈사임당: 더 허 스토리〉 등 여러 드라마가 사전제작 방식으로 제작되었다. 사전제작 드라마였던 〈태양의 후예〉는 큰 인기를 얻는 데 성공했지만, 〈함부로 애틋하게〉는 저조한 시청률과 진부한 스토리 전개로 시청자에게 외면받았고,[15] 〈보보경심: 려〉도 초반의 큰 기대에 비해

15 장영준, [종영 '함부로 애틋하게'] ① "사전 제작의 흑역사가 되다", 《헤럴드경제》, 2016. 9. 9.

〈표 4〉 중국의 인터넷 동영상 관련 규제 정책

연도	정책 명칭	정책의 주요 내용
2009	인터넷 동영상 콘텐츠 관리 강화에 대한 통지	인터넷 방송 허가의 요구사항을 통지하며, 문란한 내용의 전파 금지
	문화산업 진행계획	콘텐츠의 디지털화를 통해 동영상 산업에 우호적 환경 조성
2010	2010년 중국 지적재산권 보호계획	인터넷 지석재산권의 관리감독 시행
	인터넷 해적판 전문단순관리방안	동영상업체의 자체 단속 및 검열 실시
	방송TV 지적재산권 전략 실시의견	불법 동영상 단속 강화
2011	지적재산권 침해와 형사안건 법률 적용 의견	저작권 관련 법규의 엄격한 적용 실시
2012	인터넷 동영상 프로그램 관리 강화	동영상 업체에 대한 우선 검열 후 동영상을 게시하도록 함
2015	사전심사 방영 총량 제한	광전총국의 사전심의를 통과한 해외 방송 콘텐츠만이 중국의 온라인 서비스를 통해 유통될 수 있음
	온라인 해외 드라마 관련 정보 등록 신청 업무에 관한 통지	주요 내용: 해외 방영물 사전심사, 방영물 수량 제한(중국 프로그램의 30% 미만), 실시간 방영 금지 등

출처: 한국콘텐츠진흥원(2014), 〈중국 방송 시장과 온라인 동영상 서비스의 성장〉, 8쪽; 신용문(2015), "한 · 중 방송 콘텐츠 교류 현황과 향후 대응 방안", 《방송문화》 400, 16쪽; 한국문화산업교류재단(2015), "해외 한류 동향, 주요국 한류 이슈", 《한류NOW》 2015년 여름호, 4쪽 재정리.

낮은 시청률을 기록했다.

무장을 한 채 남측으로 넘어온 북한의 안정준(지승현) 상사는 유시진(송중기) 대위와 격투를 벌이다 "남조선은 여기저기 눈치 보는 데가 많아 먼저는 총을 못 쏘지 않네"라고 이죽거린다. 총을 먼저 쏘는 쪽이 정전협정 위반 책임을 지는 걸 이용해 북한군이 유 대위를 도발한 것이다. 북한군 3명이 남쪽으로 넘어와 아군 2명을 억류해 특전사로 투입된 유 대위는 단도를 휘두르며 북한군과 치열한 몸싸움을 벌인다. 지난달 24일 첫 방송된 KBS2 수목드라마 〈태양의 후예〉 1회 초반에 나온 장면이다.

뽀얀 피부에 미소년 이미지가 강했던 송중기의 반전 매력을 볼 수 있는 이 장면을 중국 네티즌은 현지에서 볼 수 없다. 〈태양의 후예〉 제작진이 3분이 넘는 남·북 군인 간 대결 장면을 들어낸 뒤 중국에 유통(포털사이트 아이치이)해서다. 〈태양의 후예〉 제작을 총괄하는 함영훈 KBS PD는 30일 "북한 관련 소재는 민감할 수 있어 이 장면을 빼고 지난해 말 중국에 사전심의를 넣었다"고 말했다. 방송 콘텐츠에 대한 중국 정부의 사전심의가 워낙 까다롭기 때문에 정치적 이슈가 담긴 내용을 아예 빼버린 것이다.

또 다른 〈태양의 후예〉 관계자에 따르면 드라마 12~14부 사이 1회에 나왔던 북한군이 한 번 더 나오는데, 이 북한군의 국적을 중국에서는 노출하지 않는다. 유 대위가 파병을 간 우르크처럼 가상의 국가 이름을 자막으로 달아 따로 편집한 영상을 중국에 보냈다. 〈태양의 후예〉 제작사인 NEW(뉴)에 따르면 드라마는 이날까지 미국과 영국, 일본, 이란 등 32개국에 판권이 팔렸는데, 한국 방송 내용과 다른 영상이 유통될 나라는 중국이 유일하다.

– 양승준, "'태양의 후예' 中 방송선 사라진 북한군",
《한국일보》, 2016. 3. 30. 기사 중 일부 내용

이렇게 사전제작과 심의 과정을 거치면서 국내에서 방송된 것과는 다른 내용이 유통된 사례가 계속 나타나고 있다. 〈별에서 온 그대〉는 외계인, 귀신 등이 드라마에 등장할 수 없다는 규정으로 인해 주인공의 직업과 결말이 바뀌기도 했다. 〈태양의 후예〉도 북한군의 등장에서 국적을 제외하는 등 사전심의 과정에서 내용을 변경했다. 결국 이러한 과정이 반복된다면, 내용의 변경을 피하기 위해 중국 사전심의 규정에 맞는 콘텐츠 소재를 선택하게 되고, 중국 내에서 인기 있는 한류스타를 선택하는 방식이 계속될 것이다. 콘텐츠 생산이 비자발적 기준과 선택에 의해 이루어진다면, 국내 방송 콘텐츠 제작에도 큰 영향을 미치게 될 것이다.

인력과 제작 노하우 유출에 대한 우려

기존의 드라마 유통방식이 텔레비전을 중심으로 이루어진 것과 달리, 인터넷 플랫폼을 통한 콘텐츠 수요가 가능해지면서 멀티스크린화 현상이 확산됐다. 또한 한국 드라마의 스토리가 갖는 매력뿐만 아니라 라이프스타일, 배우에 대한 관심으로 확장되면서 한국과 중국의 공동제작 환경이 조성되었다. 예능 프로그램의 영향력도 큰데, 포맷 수출을 통해 큰 수익구조를 형성하고 있기도 하다. MBC 〈나는 가수다〉, 〈아빠 어디가〉, 〈우리 결혼했어요〉, SBS 〈런닝맨〉, KBS 〈슈퍼맨이 돌아왔다〉 등의 프로그램이 중국에서도 제작되고 있다. 또한 tvN 〈꽃보다 할배〉, JTBC의 〈냉장고를 부탁해〉, 〈비정상회담〉 등도 중국에서 제작 및 방영되고 있다. 그러나 포맷 수출과 플라잉 PD 등의 교류가 이루어지면서 국내 제작 노하우의 유출 등을 우려하기도 한다.

또한 〈태양의 후예〉와 〈별에서 온 그대〉는 중국 사전심의 과정에서 한국에서 방영된 내용과 다르게 방송되거나 영어로 더빙하기도 했다. 또한 드라마 캐스팅의 경우에도 중국에서 인기 있는 한류스타를 선호하는 경향이 두드러지면서 다양한 배우를 발굴할 기회가 제한될 우려도 있다.

드라마의 경우 국내 방송시장은 채널 간 경쟁이 심해지면서 인력구축에 대한 투자보다는 빠른 효율성에 집중하는 경향이 더욱 강해지고 있다. 게다가 중국시장 진출이 중요한 수익구조로 자리 잡게 되면서 제작 인력에 대한 투자와 다양한 배우 선정을 고려할 여지가 점차 줄어들고 있다. 또한 예능과 방송 콘텐츠 제작에서 주요 작가의 발굴이 필요한데, 현재 중국에서도 큰 관심을 받고 있는 프로그램의 주요 제작 인력들이 중국시장에 대거 진출한 상황이다.

국내 방송 콘텐츠시장의 특징을 살펴보면, 지상파 방송사의 제작 인력이 케이블 채널로 이동하면서 나타나는 변화가 미치는 영향도 적지 않은데, 하물며 국내 제작 인력이 중국시장으로 진출할 경우 미칠 영향이나 효과에 대해서는 좀 더 신중하고 다양한 논의가 필요하다.

지상파 방송사는 현재 재원 마련의 어려움을 호소하고 있고, 지상파 방송사와 외주제작사와의 관계도 복잡하다. 지상파는 정부의 규제완화정책의 문제점을 지적하거나 중간광고 허용을 요구하고 있다. 외주제작사들은 최근 지상파 방송사가 자회사를 설립하거나 CJ ENM 드라마 전문 법인 스튜디오 설립이 갖는 문제, 그리고 표준계약서 정착과 수익배분 개선에 대한 요구를 하고 있다. 그 외에도 창의적 콘텐츠 개발을 위해서는 새로운 인력 유입이 가능한 제도적 개선이 마련되어야 하고 꾸준한 투자가 이루어져야 하지만, 재정적 어려움 등을 이유로 쉽지 않은 상황이다. 짧은 시간에 효율성을 높여야 하다 보니 새로운 아이템

〈표 5〉 중국에 진출한 한국 제작 인력

분야	인력	대표작
드라마	장태유 PD	〈별에서 온 그대〉, 〈뿌리 깊은 나무〉
	신우철 PD	〈파리의 연인〉, 〈신사의 품격〉, 〈시크릿가든〉
	진혁 PD	〈닥터이방인〉, 〈주군의 태양〉
	진수완 작가	〈해를 품은 달〉, 〈킬미힐미〉
	홍미란, 홍정은 작가	〈최고의 사랑〉, 〈주군의 태양〉
예능	김영희 PD	〈나는 가수다〉, 〈느낌표〉
	장혁재 PD	〈X맨〉, 〈패밀리가 떴다〉, 〈스타킹〉
	조효진 PD	〈X맨〉, 〈패밀리가 떴다〉, 〈런닝맨〉
	신정수 PD	〈놀러와〉, 〈일요일일요일밤에〉
교양	남규홍 PD	〈짝〉, 〈그것이 알고 싶다〉

출처: 이종임(2016), "방송 한류의 정체성과 경쟁력 확보 방안 모색: 중국 자본의 유입에 따른 국내 방송 컨텐츠 시장의 변화를 중심으로", 한국언론학회 세미나 자료집,《한국방송콘텐츠 제작 생태계의 현안과 개선 과제》재인용.

발굴에 시간을 투자하기보다 이미 만들어진 콘텐츠를 찾아 나섰고, 그 결과 한동안 웹툰을 드라마로 제작하는 방식이 크게 증가했다. 그러나 병행되어야 하는 것은 공모전이나 드라마 스페셜 같은 다양한 콘텐츠 개발 채널을 열어두어야 한다는 점이다. 또한 한류스타 중심의 캐스팅이 지속적으로 반복되면서 제작비 부담과 역할의 반복성이 갖는 스토리 전개의 지루함 등도 해결해야 할 사항이다. 중국시장 진출에만 몰입하면서 다양한 분야에 지속적으로 투자하지 않게 되었고, 인기 배우를 통한 스토리의 무한한 자기복제가 홍콩 영화산업의 하락을 가져온 사례를 신중히 살펴보고 참고해야 하는 이유다.

3.
방송한류의 지속성을 위해 필요한 것

현재의 콘텐츠 개발은 초기 한류 붐이 일어났을 때보다 더 민감한 이슈들이 포함되면서 복잡해졌다. 스마트미디어, SNS 등으로 한류문화를 소비하면서 시간적 · 공간적 파급력이 커졌고, 정치적이고 사회적으로 민감한 이슈들과의 충돌 빈도도 크게 늘어나고 있다. 이제, '우연한 기회'에 형성되는 한류문화에 대해 국가 브랜드로서의 가치 형성과 문화 육성 중심의 논의에 집중하기보다 장기적 안목이 필요한 때다. 안정적 문화생태계 구축이 그 어느 때보다 절실하기 때문이다. 2000년대 초반 한류의 시작은 한류/신한류 혹은 한류1.0/한류2.0/한류3.0 등의 담론을 형성하며 국가의 문화산업 육성정책과 관련 주체들의 다각적인 노력으로 지금의 한류산업을 형성해왔다. 케이팝의 성공으로 미국시장 진출에 대한 기대, 싸이의 뮤직비디오와 음악의 전 세계적 인기(홍행), 그리고 중국시장에서 한류문화의 성공적 안착 등을 봤다. 그러나 문화는 수출 상품으로서, 산업육성으로서만 정의될 수 없다. 왜냐하면 문화적 경험, 정치적 이해관계, 국제관계, 자국 문화 보호, 그리고 수용자의 참여 등이 중층적으로 결합해 있는 것이 바로 문화이기 때문이다.

중국의 사전심의제도와 해외 콘텐츠에 대한 강력한 규제로 인해 과거 홍콩영화에서 유명스타가 출연했지만 비슷한 스토리의 자기복제 등이 반복되면서 점차 하락의 길을 걸었던 과정을 우리도 반복하지 않는다는 보장이 없다.[16] 국내 방송 제작 시스템의 한계와 개선해야 할 요소로 생방송에 가까운 제작 시스템이

16 "이처럼 〈함부로 애틋하게〉가 부진을 겪은 원인으로 앞서 언급한 진부한 설정과 연기력 논란, 경쟁 드라마들의 약진 등이 꼽히고 있지만 사전제작이 오히려 발목을 잡았다는 의견도 적지 않았다. 특히 유독 폭염에 시달렸던 올여름 내내 한겨울 패션을 자랑했던 〈함부로 애틋하게〉 속 등장인물들의 모습은 사전제작의 한계를 드러낸 것이라는 지적이 많았다. 사전제작은 한국 드라마시장에서 그동안 꾸준히 제기된 대안이었다. 생방송 수준의 제작이 성행하면서 작품의 질은 떨어지고 시청률 경쟁에 매몰돼 판박이 같은 드라마들이 쏟아지는 상황을 타개하기 위한 해결책으로 여겨졌다. 그러나 올해 두드러지게 쏟아지는 사전제작 드라마들은 중국 자본에 의해 만들어진 것이 대부분이다. 애초에 우리가 기대했던 사전제작 드라마의 모습과는 거리가 멀 수밖에 없다. 이러한 상황에서 제작된 〈함부로 애틋하게〉 역시 마찬가지였다. 사전제작 드라마가 언제나 성공을 거두는 것은 아니라는 사실을 증명하는 하나의 사례로 남게 됐다. 김우빈과 배수지라는 톱스타들의 출연도 크게 영향을 끼치지 못한다는 사실까지 증명했다." 장영준, [종영 '함부로 애틋하게'] ① "사전 제작의 흑역사가 되다", 《헤럴드경제》, 2016. 9. 9.

있었다. 중국의 사전심의 시스템으로 인해 사전제작이 점차 늘어나고 있지만, 이는 긍정적 변화라고 볼 수 없다. 국내 방송 콘텐츠 제작 환경에서 형성된 자발적 변화가 아닌 중국시장 진출을 위한 비자발적 변화이기 때문이다.

한국과 중국 관련 회사의 인수 · 합병 사례의 증가, 국내 엔터테인먼트 회사에 대한 투자, 그리고 국내 배우 · 제작진의 중국시장 진출로 인해 나타나는 국내 여러 분야의 공백은 어떻게 채울 것인지에 대한 논의도 필요하다. 또한 지상파 방송사, 외주 제작사, 케이블 방송사 간의 콘텐츠 제작방식과 협업에 필요한 제도적 장치 마련 역시 하루 빨리 이루어져야 한다. 이미 국내 걸그룹의 멤버가 된 중국 멤버들이 중국의 외교문제에 적극적으로 발언하고, 국내 스타들의 정치적 발언을 비난하는 해외 팬덤의 민감한 사안들은 '경제적 수익'이라는 자본 논리만으로는 설명하기 어렵기 때문이다. 아시아뿐만 아니라 그 외의 지역에서도 한류문화를 소비하는 수용자의 특성과 문화적 환경에 대한 고려가 필요한 시점이 되었다. 민족적 · 문화적 차이가 존재함에도 한류에 큰 관심을 보인다는 현상에만 주목하게 되면서 놓치는 부분이 크다는 것이다.

또한 국내 콘텐츠 제작 주체들을 위한 제도 보완과 콘텐츠를 소비하는 수용자를 고려하지 않고서는 해외에서 꾸준히 인기를 끄는 한류 콘텐츠를 생산하기는 어렵다는 것을 알 수 있다. 결국 매번 반복되는 논의로 다시 돌아오게 된다. 한류문화의 '정체성'을 지키지 못하면 지금의 관심과 인기를 유지하기는 쉽지 않아 보인다.

4장
초국적 상품,
아이돌의 탄생

1.
아이돌 산업의 글로벌화

국내 음악산업의 해외 수출은 거의 98%가 동아시아 지역을 대상으로 한다. 이는 동아시아 지역에서의 한류 역사가 이미 거의 20년 가까이 소비 · 확산되어왔고, 그 결과 한류는 일시적 유행이 아닌 '동아시아 지역의 문화'로 인식되어왔다. 동아시아 지역 외의 권역에서 케이팝을 중심으로 한 국내 케이팝 음악이 본격적으로 주목받기 시작한 것은 2000년대 말 이후의 일로, 10년이 채 되지 않았다. 그러므로 현재 동아시아 외 지역으로의 케이팝 확산은 현재진행형이라고 해야 할 것이다.[1]

세계 음악시장 규모는 2016년 이후 지속적인 성장세를 보

1 한국콘텐츠진흥원(2017), 〈K-POP 글로벌확산을 위한 음악시장 다변화 전략연구 보고서〉, 14-16쪽.

이고 있다. 국제음반산업협회(IFPI)에 따르면 2017년 세계 음악 시장 규모는 173억 달러(약 18조 5,283억 원)로 집계됐다. IFPI가 관련 통계를 처음으로 작성한 1997년 이후 두 번째로 큰 증가폭이다. 가장 높은 증가율을 기록했던 전년(8.8%)에 이어 8%대 성장세를 유지했다.

세계 음악산업의 회복은 스트리밍 서비스 이용자가 급격히 증가한 영향이 컸다. 세계 유료 스트리밍 음원 이용자는 2017년에는 1억 7,600만 명으로 2016년(1억 1,200만 명)보다 57.1% 늘었다. 관련 매출도 같은 기간 47억 달러(약 5조 515억 원)에서 66억 달러(약 7조 950억 원)로 40.4% 증가했다.

지난해 디지털 음원(MP3 다운로드 포함) 매출은 처음으로 전체 시장의 절반(54%)을 넘어섰다. 음악산업의 단일 매출원 중에서는 스트리밍 서비스가 가장 큰 비중(38.4%)을 차지했다. 멜론, 벅스 등 한국 내 스트리밍 서비스 유료 가입자도 2012년 380만 명에서 지난해 790만 명으로 5년 새 두 배 이상으로 늘었다.[2] 1999년 정점을 찍고 줄어든 세계 음악시장은 2015년부터 다시 커지면서 뚜렷한 회복세를 보이고 있다. 세계 음악시장은 디지털 음악시장을 중심으로 성장하고 있는데, 스트리밍시장이 이러한 성장을 견인하고 있다로 볼 수 있다. 또한 다른 콘텐츠산업과 비교해보

2 김주완, "부활한 음악산업 일등공신은 '스트리밍'", 《한국경제》, 2018. 6. 8.

면 신문과 잡지 시장을 제외한 대부분의 콘텐츠산업 분야가 지속적으로 성장할 것으로 전망되고 있는데, 가상현실(VR)과 e-스포츠의 괄목할 만한 성장을 제외하면 다른 콘텐츠산업과 유사하게 3.5%의 성장세를 보이고 있는 것으로 예측되고 있다.

세계 음악시장은 미국이 가장 큰 시장규모를 보이고 있으며 일본, 영국, 독일, 프랑스 순으로 산업의 규모를 보이는데, PwC(2017) 조사에서 따르면 한국의 경우 10위, IFPI(2017) 조사에서는 8위를 점유하고 있는 것으로 나타났다. 한국의 음악산업은 실연권(Performance Rights) 부문의 경우 세계시장에서 낮은 것으로 알려져 있지만 실물음반은 6위, 다운로드와 스트리밍 등 디지털 음원시장은 8위로 비교적 높은 순위를 나타내고 있다. 한국의 음악산업은 세계시장 점유율이 2% 남짓이지만, 케이팝을 중심으로 꾸준히 영향력을 확장하고 있으며, 수출액은 최근 3년간 연평균 17.2%의 증가율을 보이고 있다.

세계 음악산업의 지속적인 성장을 견인하는 두 축은 라이브 음악과 공연시장의 성장, 그리고 디지털 스트리밍 시장의 급격한 성장이라는 분석이다. 실물 음반시장이 저물고 디지털 음원 시장으로 음악시장의 패러다임이 이동하면서 가장 큰 시장을 차지했던 다운로드 시장을 스트리밍 음원시장이 추월했다. 디지털 다운로드 서비스 시장은 2012년 이후 계속해서 감소하고 있는데, 2017년 현재 2012년의 2분의 1 수준으로 전망되고 있으며,

2021년에는 5분의 1로 감소할 것으로 전망되고 있다. 최근에는 인공지능(AI) 기술 개발과 음성비서를 장착한 스피커 시장의 등장으로 디지털 음원 스트리밍 서비스는 더욱 폭발적으로 성장할 것으로 기대되고 있으며, 음악은 음성 스피커 시장의 가장 중요한 콘텐츠로 인식되고 있다.[3]

케이팝이 해외시장으로 진출하면서 여러 효과가 나타나고 있는데, 전종근 외의 연구(2017)를 살펴보면, 한류로 인한 직접 수출효과 중 주목할 만한 부분은 오리지널 한류 콘텐츠인 음악과 방송의 수출효과가 크다는 것이다. 특히 케이팝으로 대표되는 음악 콘텐츠는 전년 대비 68.0%로 가장 높은 성장세를 보였다.[4] 이는 케이팝이 한류에서 중요한 장르산업이라는 것을 보여주고 있으며, 동시에 케이팝의 성장 가능성을 보여주는 것이기도 하다.

'아이돌(Idol)'은 원래 신화적인 우상을 뜻하는 단어이지만, 현재는 국내 대중문화에서 활약하는 인기 연예인을 지칭하는 의미로 사용되고 있다. 특히 10대 후반 또는 20대 초반에 데뷔한 가수, 노래 · 춤 등에 뛰어난 재능을 지닌 사람, 아름다운 외모의

3 한국콘텐츠진흥원(2017), 〈K-POP 글로벌 확산을 위한 음악시장 다변화 전략연구 보고서〉, 19쪽.

4 전종근 · 김승년 · 이한석(2017), 〈한류노믹스: 한류의 경제적 효과에 관한 연구〉, 한국문화산업교류재단.

소유자 등으로 설명된다. 젊은 나이에 가수로 데뷔하고 인기를 거머쥔 아이돌 가수들은 언어와 문화가 다른 해외에서도 팬덤을 형성하는 등 한류문화를 선도하는 중요한 주체로 평가받고 있다. 그리고 이와 같이 국내외에서 큰 인기를 끌고 있는 한국의 대중음악은 '케이팝(K-pop)'으로 불린다.

케이팝의 인기요인을 살펴보면, 음악이라는 장르가 문화적 할인율이 비교적 낮다는 점과 2000년대 이후 소셜미디어 등의 대중화로 짧은 시간에 많은 사람이 동시에 음악을 들을 수 있는 미디어 환경 구축이 중요한 역할을 했다고 볼 수 있다. 이에 해당하는 대표적인 사례가 바로 가수 싸이의 노래 〈강남스타일〉의 성공이다. 일시적이기는 했지만, 유튜브에서 검색해볼 수 있는 〈강남스타일〉 뮤직비디오가 인기를 끌면서 전 세계에서 싸이(PSY)의 춤을 따라 하는 기현상을 이끌어냈다. 한국어로 제작된 노래이지만 문화 · 언어에 상관없이 소비될 수 있다는 가능성을 보여주었고, 싸이가 미국의 여러 토크쇼에 출연하는 등 서구사회에서도 주목받으면서 한국 대중음악의 성공 가능성이 주목받기 시작했다.[5]

5 가수 싸이의 성공을 두고 2012년 당시 한류 관련 다양한 담론이 형성되었다. 기존 케이팝의 경우 수려한 외모, 집단군무, 젊은 소년 · 소녀로 구성된 아이돌 그룹의 음악이 주를 이뤘지만, 가수 싸이는 아이돌 가수와는 다른 형태의 정체성을 지니고 있었기 때문이다. 따라서 〈강남스타일〉이라는 노래와 뮤직비디오가 갖고 있는 인기요인을 분석하는 등 〈강남스타일〉의 전 세계적 흥행에 대한 논의가 활발하게

물론 싸이의 성공만으로 한류음악의 해외 성공 가능성을 논한 것은 아니다. 이미 케이팝 가수들은 유튜브 등의 소셜미디어 플랫폼을 적극적으로 활용해왔고, 이러한 채널을 통해 해외 팬덤을 형성해왔기 때문이다. 이를 계기로 해외 공연이나 TV프로그램 출연이 이루어지기도 했다. 걸그룹 소녀시대가 2012년 1월 31일 미국 CBS TV 인기 토크쇼 〈데이비드 레터맨쇼〉(Late Show with David Letterman)에 출연한 사례나 케이팝이 초국적 문화로 인식되면서 국내의 음악 순위뿐만 아니라 미국 음원 사이트인 빌보드에도 2011년 8월 케이팝 차트가 만들어진 점이 해당한다.

초기 한류 붐은 아시아 국가를 중심으로 형성되었지만, 한류 2.0이라 불린 케이팝은 아시아를 넘어 전 세계에서도 소구될 수 있는 문화상품으로 인식되기 시작했다. 프랑스, 미국, 스페인 등으로 진출해 해외 공연이 성사된 점, 동남아시아, 남미 등의 국가에서 하나의 문화현상으로 자리 잡은 케이팝 '커버 댄스 대회' 등도 한류의 힘을 보여주는 사례로 언급되곤 한다. 또한 정부와 문화산업계 모두 '한류'문화를 통해 한국 이미지 제고와 한국 문화상품의 해외 수출시장 확장이라는 상호 연관된 목적을 이루기 위해 적극적으로 협력했다. 한국이라는 '지역'에서 생산된 대중

이루어졌다. 또한 유튜브 같은 소셜미디어 플랫폼의 파워, 가수 싸이의 언어와 문화의 차이를 넘어선 서구사회에서의 흥행 등에 대한 논의가 신문지면과 학술 연구를 통해 논의되기도 했다.

문화물이 아시아 지역 어디에서나 쉽게 발견되는 '전 지구적' 현상이 될 수 있다는 '세계화' 경험은 한국인에게도 놀라운 경험이었다.

이처럼 국내외에서 아이돌 가수들의 활약이 주목을 받으면서 국내 대형 기획사뿐만 아니라 중소 기획사에서도 아이돌 가수 양성에 집중하는 결과를 가져왔다. 초기 투자비용에 비해 큰 수익을 얻을 수 있다는 점과 국가 문화산업 관련 정책부서의 적극적 지원도 중요한 영향을 미쳤다. 그뿐만 아니라 미디어를 통해 팬덤을 형성하는 데도 아이돌 가수들의 활동은 주목받기 쉬운 조건을 지니고 있어 아이돌 가수를 키우는 데 많은 기획사들이 적극적으로 나서기 시작했다.

거기에 국내 아이돌 그룹 방탄소년단이 미국의 빌보드 뮤직 어워드에 입성하고 2년 연속 수상하면서 케이팝은 한류문화의 주요 원동력임을 확인하게 해주었다. 특히 기존 아이돌 가수의 해외 진출 사례가 국내의 유명 대형 기획사 중심으로 이루어진 것과 달리 방탄소년단은 빅히트엔터테인먼트라는 기획사 소속 가수라는 점도 관심의 대상이다. 2013년 데뷔한 방탄소년단은 2017년 5년 만에 국내뿐만 아니라 해외에서도 탄탄한 팬덤을 형성하는 데 성공했다. 2018년에도 이러한 인기는 계속되었는데, 2015년 11월 자신들의 네 번째 미니 앨범(EP) 〈화양연화 pt.2〉를 빌보드 메인 앨범 차트 '빌보드 200'의 171위에 올려놓으며 미국시장에서 처음으로 가시적인 성과를 올렸다. 그 이후에도 한국어 앨범 6장과 일본어 앨범 1장 등 총 7장의 앨범을 연속해 빌보드 200에 올려놓았으며, 특히 지난 5월 공개한 세 번째 정규 앨범 〈LOVE YOURSELF 轉 Tear〉는 한국어 앨범 최초이자 아시아 앨범으로서는 최초로 차트 1위에 오르기도 했다. 더불어 싱글 차트인 'Hot 100'에도 "DNA"(67위)와 "MIC Drop"(28위), "Fake Love"(10위) 등의 곡을 진입시켰으며, 미국의 대표적인 음악 시상식 중 하나인 '빌보드 뮤직 어워드'에서는 지난해와 올해 2년 연속으로 '톱 소셜 아티스트' 부문을 수상하기도 했다. 방탄소년단의 미국시장 성공에서 특이한 점은 일반적인 케이팝 그룹들과 다른 과정을 거쳐 미국시장 진입에 성공했다는 것이다.[6]

이와 동시에 주목해야 하는 부분은 소셜미디어 플랫폼일 것이다. 한 국가에서 생산한 문화상품과 미디어 콘텐츠가 국가와 공간의 경계를 넘어서 동시적으로 소비할 수 있게 된 데는 미디어 플랫폼의 다양화와 빠른 속도성이 큰 영향을 미쳤다. 인터넷의 등장이 개인 미디어를 통한 개인의 소비를 가능하게 했다면, 소셜미디어는 개인의 미디어 간 정보교환과 연대를 가능하게 했기 때문이다. 특히 드라마나 음악의 경우 문화 할인율이 낮고, 언

6 이규탁, "방탄소년단의 미국 시장 진입: 새로운 시대의 새로운 케이팝 한류", 한국국제문화교류진흥원, 2018. 8. 31.

어의 장벽을 넘어서 콘텐츠를 소비할 수 있으므로 한류문화는 지금까지 지속 가능하게 되었으며, 국내 팬은 아시아 팬덤으로, 그리고 현재는 글로벌 팬덤으로 확장되었다.

2.
디지털 음원 중심의 소비환경 구축

디지털 음원 중심의 음악시장 구조 재편

세계음반산업협회(IFPI)의 〈Global Music Report 2017〉에 따르면 2016년 글로벌 음악 전체 시장에서 디지털 음악시장 규모는 50%를 차지하며 전년 대비 17.7%가 성장한 것으로 나타났다. 그 가운데 스트리밍은 60.4% 성장한 반면 음반시장과 다운로드시장은 각각 7.6%, 20.5% 하락한 것으로 나타났다.[7] 이러한 수치가 의미하는 것은 글로벌 음악시장이 디지털 음악시장을 중심으로 재편되고 있으며, 스트리밍시장의 폭발적인 성장이 이러

7 IFPI, 〈Global Music Report 2017〉, http://www.ifpi.org/downloads/GMR2017.pdf

한 변화와 성장을 견인하고 있는 것으로 볼 수 있는 증거다. 디지털 음원의 다운로드와 스트리밍으로의 전환은 음악의 물리적인 속성 변화를 넘어 향유하고 이용하는 방식의 변화와 문화적인 속성의 변화를 의미한다고 볼 수 있다.[8]

이와 같은 변화는 스마트폰의 보급과 이로 인한 라이프스타일의 변화와 큰 관련이 있다. 누구나 쉽게 음악에 접근하고 음악을 들을 수 있다는 '편리함'이 크게 작용한 결과일 것이다. 국내의 경우도 유사한 상황인데, 〈세대별 스마트폰 이용 특성과 영향력 변화〉에 따르면, 스마트폰 보유율은 2012년 57.5%에서 2015년 78.8%로 증가하여 스마트폰은 가장 보편적인 매체가 되었고, 스마트폰 보급 초기에는 20대와 30대가 주 보유층이었으나, 2015년 조사에서는 40대와 50대의 보유율도 80%를 넘었다. 스마트폰의 이용 행태 중 음성통화와 메신저 기능을 제외한 주요 미디어 기능(TV, 기타 동영상, 영화, 기사/잡지, 음악청취, 게임, 라디오, e-북)의 이용 빈도와 사례를 기반으로 주 1회 이상 해당 미디어 기능을 이용하는 빈도에 대한 통계자료를 보면 기사/잡지(71.9%), 영상물(TV/동영상)을 시청하는 행위(54.7%), 음악청취(41.4%)와 게임(36.7%), 영화(5.8%), e-북(5.6%), 라디오(5.1%) 순서로 나타났다.

8 성미경(2017), "링크로 연결하는 음악콘텐츠: 지드래곤 USB 음반 발매가 던지는 함의", 《KOCCA 이슈분석》 17-10, 5-6쪽.

이는 스마트폰을 이용하여 음악을 듣는 방식이 상당히 보편적으로 자리 잡았음을 보여주는 결과라 할 것이다.[9]

해외 음악시장의 국내 진출도 음악시장의 변화를 가져왔다. 해외 음악시장은 스포티파이(Spotify)의 약진과 디저(Deezer)의 등장 이후 스트리밍(구독)시장의 규모가 성장했고, 구글, 애플, 아마존이 스트리밍 서비스 혹은 이와 유사한 사업 모델을 제안하며 디지털시장에서 우위를 점하기 위한 경쟁이 점점 더 치열해지고 있다. 해외에 기반을 둔 음악 서비스들은 사용자 이용 패턴과 음악적 취향을 분석한 개인화된 큐레이션 서비스와 플레이리스트 서비스를 주력으로 내세우고 있는 경우가 많다. 스포티파이, 애플뮤직, 디저 등이 대표적인데, 한국의 일부 뮤지션과 음악 애호가 등 얼리어답터를 중심으로 해외 계정 개설을 통해 이러한 해외에 기반을 둔 음악 서비스를 이용하는 사례가 늘어나고 있다.

애플뮤직은 국내 주요 유통사와 라이선스 확보 문제, 일부 해외 음원의 미제공 논란이 있었지만, 해외 음악 서비스 중 가장 먼저 한국에서의 사업을 시작한 사례가 되었다. 구글은 여러 가지 한국 음악시장의 특징을 고려해 유튜브 레드(Youtube Red) 론칭을 먼저 선택했다. 2016년 12월 시작된 이 서비스는 광고도 없고

9 정용찬(2016), "세대별 스마트폰 이용 특성과 영향력 변화", 《KISDI STAT Report》 16-06, 1-10쪽; 한국콘텐츠진흥원(2016), 《2016 음악산업백서》.

〈그림 1〉 애플뮤직 홈페이지

출처: 애플뮤직(www.applemusic.co.kr).

저장도 가능한 월정액 유료 서비스다.

구글의 경우, 글로벌 시장에서 선전하고 있는 구글뮤직(계정의 클라우드 저장공간 등과 연계되는)의 한국 진출도 검토했지만, 애플뮤직이 겪은 것과 유사한 어려움 등으로 인해 유튜브 레드의 한국 진출 등에 집중하는 것으로 방향을 선회했다. 유튜브 레드는 유료 서비스로, 광고 없이 백그라운드 환경에서도 음악 재생이 가능해 통상적인 음악 서비스와 유사한 기능을 제공한다. 이외에 스포티파이, 디저 등의 서비스를 이용하는 국내 사용자도 소수 있지만, 상대적으로 수가 적고 저작권 계약 등에도 어려움이 있어 정식으로 한국에서 서비스가 이루어지기는 어려울 것으로 전망된다.

국내의 경우에는 '음원 사재기'와 관련해서 꾸준히 문제가 제기되어왔다. 이는 음원이 디지털시장에서 주로 유통되는 상황이 대중화되면서 나타나는 문제다. 음원서비스 이용자 중 대다수가 차트를 중심으로 음악을 감상하는데, 음악서비스 추천이 차트에 미치는 영향이 점차 커지고, 이러한 방식이 '합법적인 음원 사재기'라는 비판이 일면서 이 제도가 폐지되기도 했다.[10]

음악서비스시장이 점차 커지면서 음악서비스를 둘러싼 인수 · 합병도 이루어졌다. 2016년 멜론을 서비스하던 로엔엔터테

10 한국콘텐츠진흥원(2016), 위의 책, 40쪽.

인먼트는 카카오에 매각되었고, NHN엔터테인먼트는 기존에 (주)네오위즈인터넷이 보유하고 있던 벅스뮤직을 매입했다. 이후 벅스뮤직은 (주)벅스라는 이름으로 음악서비스 부문을 독립시켜 사업을 이어가고 있다. 소리바다는 2016년 2월, 중국 자본인 ISPC에 매각된다는 보도가 나오기도 했지만, 매각이 무산되었다. 현재 국내 음원서비스사로는 멜론과 지니가 높은 점유율을 보이고 있다.

현재 주요 음원 유통사로는 로엔(멜론), KT뮤직(지니), CJ ENM 뮤직(Mnet), NHN벅스(벅스) 등 개별 음원 사이트도 함께 운영 중인 대형 업체들을 비롯해서 인터파크, 블렌딩(SBS-MBC 합작법인), 뮤직앤뉴, 미러볼뮤직 등 전문 배급업체 등이 치열한 경쟁을 펼치고 있다. 워너뮤직, 소니뮤직 같은 해외 음반사들의 국내 지사 역시 팝 음악 및 국내 가요 배급업을 병행하고 있다.[11]

국내 음원 사이트는 아이돌 팬덤의 스타 음원 차트 줄 세우기 등 팬덤 간 경쟁이 문제로 지적되어왔고, 객관적인 음원 순위 환경을 조성하기 위해 문화체육관광부가 권고안을 제안하기도 했다. 이에 따라 2017년 2월 27일을 기점으로 문화체육관광부의 권고에 따라 실시간 음원 차트 개혁안이 시행되었다. 새벽 시간대에 무리하게 펼쳐지는 아이돌 팬덤 간 순위 경쟁을 막자는 취

11 김상화, "음원 공급, 어떻게 이뤄질까? 음원 시장의 '알쓸신잡'", 《오마이뉴스》, 2017. 8. 5.

지로 시작되었으며, 국내 음원사이트는 정오부터 오후 6시까지 나온 음원에 대해서만 그대로 실시간 차트에 반영하고, 오후 7시부터 이튿날 오전 11시까지 발표된 음원에 대한 실시간 차트 적용은 다음날 오후 1시 차트에 반영하는 것으로 바뀌었다.

그럼에도 팬덤은 여전히 불만이 많다. 2017년 12월 청와대 국민청원 게시판에 '엠넷 아시안 뮤직 어워드(Mnet Asian Music Awards)' 폐지를 청원하는 글이 올라왔다. 해당 글의 내용에는 엠넷 아시안 뮤직 어워드의 심사 기준과 투표 방식이 불공정하다는 지적이 주를 이뤘다. 멜론 뮤직 어워드에도 국내의 인기 아이돌 가수들이 대거 참가하는데, 수상 결과를 두고 팬들 간의 논란이 계속되고 있는 상황이다.

이는 결국 음악시장의 생산 · 유통 · 소비 구조가 변화했고, 모바일 중심 플랫폼 기반의 음원 소비가 주를 이루면서 나타나는 상황이라고도 볼 수 있다. 문화산업의 유통구조가 빠르게 변화하고, 이용자의 적극적 참여가 효과를 측정하는 중요한 기준이 되면서 이용자로서의 팬들은 자신의 스타 관련 의견을 적극적으로 개진할 수 있게 되었다. 이와 더불어 디지털 음원시장이 구축되는 과정에서 다양한 장르의 음악을 소비할 수 있는 환경이 만들어지기보다는 아이돌 가수 중심의 음악이 주로 소비되면서 순위 간 경쟁이 심해지고, 동시에 팬덤들 간의 경쟁도 치열해지는 상황이 만들어졌다.

음악을 생산하는 기획사, 음원을 유통하는 유통사의 문제적 상황은 지금의 미디어 플랫폼을 자유자재로 넘나드는 수용자/팬덤에게 비판적 대상이 되고 있다. 어쩌면 국내 음원시장에 중점을 두기보다 해외시장 안착에 적극적으로 노력했던 방탄소년단의 기획력이 미국 빌보드가 주목할 수 있었던 팬덤 형성을 가져온 것일지도 모른다.

음악업계와 MCN

MCN(Multi Channel Network)은 유튜브 같은 영상 플랫폼 채널(크리에이터)과 제휴하여 제작이나 자금지원, 홍보, 저작권 관리, 수익창출/판매, 고객확보 등을 지원하고 채널 수익의 일부를 공유하는 플랫폼을 의미한다. 동영상 소비방식과 형태가 다양해지면서 크리에이터, 'BJ(Broadcasting Jockey)'라 불리는 1인 콘텐츠 제작자의 위상도 높아졌다. 그리고 이러한 1인 창작자들을 관리하는 채널 네트워크 사업이 MCN이다.[12] MCN산업은 유튜브

12 박지혜(2017), 〈국내 1인 미디어시장 현황 및 발전 가능성〉, KIET산업경제분석, 44-53쪽.

성장과 밀접한 연관성을 지닌다. 유튜브는 광고를 기반으로 무료 콘텐츠를 제공하는 수익모델을 채택하여 UGC(User Generated Contents: 사용자가 직접 만든 콘텐츠)가 급격하게 성장하는 원동력을 제공했고, 결과적으로 MCN산업의 성장에 결정적 기여를 했다. 유튜브는 2006년 구글에 인수되고 나서 구글의 광고 플랫폼인 애드센스(Adscnse)를 도입하여 광고 서비스를 시작했다. 이후 광고 수익 재분배에 대한 요구가 높아지자 2007년 유튜브 파트너 프로그램을 통해 일부 대형 콘텐츠 제작자에 대한 광고 수익 배분을 단행했고, 점차 그 범위를 확대하여 대부분의 콘텐츠 제작자를 대상으로 수익을 재분배했다. 2020년에는 동영상 콘텐츠가 모바일 트래픽의 75%를 차지할 것이라고 전망되는 만큼 모바일 중심의 동영상 콘텐츠의 중요성도 크게 주목받고 있다. MCN은 제공 콘텐츠의 성격에 따라서도 구분되는데, 과거에는 엔터테인먼트, 스포츠, 음악, 드라마 등의 전 분야에 걸쳐 다양한 콘텐츠를 제공했다면, 최근에는 특정 분야에 집중한 영상 콘텐츠를 제공하는 채널이 주목받고 있다. 특히 게임, 뷰티 등이 크게 주목받고 있으며, 음악도 빼놓을 수 없다.

국내의 대표적 MCN은 아프리카TV라는 플랫폼에서 1인 방송을 하는 BJ들의 활약으로 많은 이용자의 관심을 끌게 되었다. 아프리카TV의 실시간 개인방송을 통해 제작된 게임, 뷰티, 먹방 등의 콘텐츠가 유튜브에서도 유통되기 시작하면서 산업 전반에 영향을 미쳤다. BJ들의 콘텐츠 영향력이 커지면서 이들의 콘텐츠를 전문적으로 관리할 필요성이 대두되었고, 국내 MCN이 처음으로 등장하게 되었다. 다이아TV는 CJ ENM에서 개설한 국내 최초 · 최대 규모의 MCN으로 2013년 7월 '크리에이터 그룹'으로 시작하여 2015년 5월 '다이아TV'를 론칭하면서 크리에이터 그룹을 발전시킬 본격적 행보를 시작했다. 다이아TV에는 엔터테인먼트, 뷰티, 게임, 푸드, 키즈, 음악, 댄스 등 다양한 장르의 채널이 방송되고 있다. 다이아TV는 국내뿐만 아니라 해외시장 개척에도 꾸준한 노력을 해왔다. 2015년 싱가포르, 대만, 태국, 홍콩 등 동남아시아 10개국에서 방송되는 CJ ENM의 '채널M'에서 다이아TV 소속 크리에이터를 소개하는 차트쇼 프로그램을 방영했고, 미국, 중국, 유럽 등 해외 현지에서 활동할 크리에이터 비중을 50%까지 확대하는 등 해외 진출 확대를 위한 노력을 계속 추진 중이다.[13]

이와 함께 음악 관련 산업계에서는 인수 · 합병이나 통신사와의 합병 등으로 변화를 거듭하고 있다. 이러한 행보가 가능했던 이유로는 이용자의 음원 이용방식과 유통방식의 변화 때문이다. 음악업계가 MCN에 진출하기 시작한 것은 2015년부터 본격화되었다고 할 수 있다. 대다수의 국내 연예기획사는 2015년부

13 박광만 · 최병철(2018), "MCN 산업 동향분석", 《전자통신동향분석》 33(2), 27쪽.

터 MCN 플랫폼을 활용하여 본격적인 마케팅 활동을 하고 있는데, 대표적 사례가 바로 네이버의 V라이브(V-Live)일 것이다. 네이버 V라이브는 쇼케이스, 콘서트, 팬과의 실시간 소통을 가능하게 만들었는데, 기존에는 오프라인으로 진행된 행사들을 온라인으로 옮겨오면서 팬들의 참여를 이끌어내는 데 성공했다. 국내 대형 기획사인 YG, JYP, SM 등의 인기 가수들은 데뷔와 동시에 신곡 쇼케이스를 V라이브로 진행한다. 이후 많은 가수들이 V라이브를 통해 팬들과의 소통을 통한 시너지 효과를 내고 있다.

큐브엔터테인먼트는 직접 MCN 사업에 진출했는데, 기존 MCN 사업자인 트레져헌터와 전략적 파트너십을 맺으며 큐브엔터테인먼트가 보유한 음향, 스튜디오 시설 등 인프라를 활용한 콘텐츠 제작지원, 소속 연예인이 출연하는 웹드라마 같은 콘텐츠 제작 등을 진행하고 있다. SM은 자사 가수가 직접 참여하는 보이는 라디오, 웹드라마, 웹예능 등 다양한 콘텐츠 포맷을 제작하고 있다. YG, 로엔엔터테인먼트도 MCN에 진출한 상태다. 실시간에 가까운 방식으로 팬과 가수가 만날 수 있는 방식은 앞으로 더욱 다양해질 것이다.

3.
초국적 아이돌의 기반, 플랫폼

플랫폼의 네트워크 효과

'플랫폼'은 기차에 승 · 하차하는 공간 또는 강사, (음악) 지휘자, 선수 등이 사용하는 무대 · 강단 등을 뜻했으나 현재는 그 의미가 확대되어 특정 장치나 시스템 등에서 이를 구성하는 기초가 되는 틀 또는 골격, 컴퓨터 시스템 · 자동차 등 다양한 분야에서 사용되고 있다.[14] 다양한 의미로 사용되고 있는 단어인 플랫폼은 기술을 이용해 사람과 조직, 자원을 인터랙티브한 생태계와 연결하면서 엄청난 가치를 창출하고 교환할 수 있는 대상이 되었다. 인터넷과 결합하면서 지금은 가장 폭넓고 다양한 의미를

14 노규성(2014), 《플랫폼이란 무엇인가》, 커뮤니케이션북스.

갖게 되었다.

현재는 미디어 플랫폼이 모바일을 통해 이용자와 실시간으로 만나는 것이 가능해지고, SNS(Social Network Services)를 통해 이용자의 상호작용성이 큰 효과를 가져오면서 기존의 미디어와는 완전히 다른 영향력을 지니게 되었다. 그리고 아이돌 가수의 음악은 미디어 플랫폼을 통해 팬들과 만나는 데 더욱 용이해졌고, 팬들은 다양한 미디어 플랫폼을 통해 자신의 스타를 소비하고 문화산업에서의 영향력을 확산할 수 있게 되었다. 이것이 가능해질 수 있었던 이유로는 이용자 간의 관계가 만들어내는 '네트워크 효과(Network Effect)' 때문이다.

네트워크 효과란 특정 상품이나 서비스에 대해 어떤 이용자의 수요가 다른 이용자에 의해 영향을 받는 것을 뜻한다. 이는 특정상품이나 서비스를 더 많은 사용자가 사용할수록 그 가치가 더 높아지는 현상을 뜻하는 '네트워크 외부성(Network Externality)'과도 일맥상통하는 말이다. 네트워크 효과의 특성을 갖는 상품이나 서비스는 사용자가 모여 네트워크를 구성하는 구조를 이루며, 상품이나 서비스가 가진 본연의 가치에 네트워크를 통해 만들어진 가치가 추가되어 총체적인 가치를 만들어낸다. 그리고 이는 상품이나 서비스에 강력한 경쟁력으로 작용한다.[15] 마셜 밴

15 류한석(2016), 《플랫폼, 시장의 지배자》, 코리아닷컴, 373-374쪽.

앨스타인은 "현재의 인터넷 시대에 존재하는 대부분의 기업들, 즉 에어비앤비, 우버, 드롭박스, 스레드리스, 구글, 페이스북 같은 기업들이 갖는 가치는 기업의 자산가치가 아니라 이들의 플랫폼에서 활동하는 커뮤니티에서 나온다"고 설명한다. 인스타그램이 10억 달러에 팔인 이유, 왓츠앱(WhatApp)이 190억 달러에 팔린 이유는 각 회사의 직원 때문이 아니라 두 회사가 일으킨 네트워크 효과 때문이라는 것이다.[16]

아이돌 가수와 문화산업의 구조를 살펴보면, 의도적이든 아니든 플랫폼의 네트워크 효과를 적극적으로 활용하고 있다는 것을 알 수 있다. 케이팝 팬덤은 유튜브 채널의 영상 콘텐츠를 소비하고 스스로의 영상을 업로드하며 확장해왔기 때문이다.

2014년 6월 일본에서 데뷔한 방탄소년단은 일본에서 지상파 방송에 제대로 출연한 적이 없다. 카라, 소녀시대 등 2010년 무렵 활약했던 케이팝(K-pop) 스타들이 일본에서 가장 유명한 음악방송 프로그램인 아사히TV의 '뮤직스테이션' 등에 출연해 팬덤을 구축했던 방식과 다르다. 방탄소년단은 '아미(ARMY)'라고 불리는 팬들과 트위터, 유튜브 채널 등을 통한 소통에 노력을 기울였다. 팀 공동 계정을 만들어 노래 녹음이나 안무 연습뿐만 아

16 마셜 밴 앨스타인 · 상지트 폴 초더리 · 제프리 파커(2017),《플랫폼 레볼루션》, 이현경 옮김, 부키, 65-68쪽.

니라 요리하는 모습 등 자신들의 소소한 일상을 보여주는 영상을 매주 2~3개 정도 내보냈다. 일본 TV에서도 잘 만날 수 없고 한국 TV를 찾기도 어려운 일본 소녀 팬들에게 트위터나 유튜브는 언제든 방탄소년단을 쉽게 만날 수 있는 통로였다. 덕분에 방탄소년단은 일본 TV에 제대로 출연한 적이 없는데도 일본에서 큰 인기를 끌고 있다.[17]

국내의 경우도 크게 다르지 않다. 과거 한류 열풍이 시작되었던 초기의 붐 과정을 돌이켜본다면 지금의 한류 열풍과는 큰 차이를 지닌다. 바로 앞서 살펴보았던 플랫폼의 대중화와 활용 방식의 차이라는 점이다.

서구시장 진출의 성공요인, 플랫폼의 활용

2000년대 초반부터 대형 기획사 중심의 아이돌 그룹들의 행보는 국내뿐만 아니라 일본, 중국 그리고 동남아시아까지 인기가 확장되었는데, 기획사와 방송사, 문화정책 등이 맞물리면서

17 조윤영, [돌아온 日 한류] 〈上〉 "10대 소녀들이 부활시킨 케이팝 열풍", 《뉴시스》, 2017. 12. 4.

해외 팬덤 형성에 집중했다. 미국, 프랑스, 영국 등에 있는 한국문화원을 중심으로 다양한 행사를 기획했고, 소수의 마이너리티 그룹이었던 한류 팬덤을 더 확장시키는 데 집중했다.

아시아시장 내에서의 성공을 기반으로 서구의 문화시장에 안착하는 것이 대형 기획사의 최종 목표인 듯 보였다. 2000년대 중 · 후반 국내 대형 기획사들은 자신의 회사에서 가능성 있는 가수들의 음반을 미국에서 발매하고 활동하기 위해 노력했다. SM의 보아, YG의 세븐, JYP의 원더걸스 등이 이에 해당하는데, SM의 가수 보아는 이미 일본에 진출해 큰 성공을 거둔 사례가 있었기 때문에 큰 기대를 했다. 그리고 국내 대형 기획사들의 이러한 시도는 아마도 가수 비의 할리우드 주연작 영화제작도 그 기반이 되었다고 볼 수 있다. 가수 비는 할리우드 영화 〈스피드 레이서〉(2008), 〈닌자 어쌔신〉(2009) 등의 영화를 통해 '월드스타'라는 명칭을 얻었다. 하지만 이러한 상황들은 가수 비의 아시아권에서의 인기를 고려한 할리우드시장의 캐스팅이라 해석할 수 있는데, 할리우드 진출은 연기력보다는 '인기', '팬덤'의 규모 등이 중요한 캐스팅 기반이 되었을 것이다.

SM은 보아가 크게 성공하지 못하자 소속사 가수들의 합동 공연을 통해 재기를 노렸다. 2008년 첫 공연을 시작으로 뉴욕과 파리에서 SMTOWM 콘서트를 진행했다. 2011년 공연, 2014년 공연 등 꾸준히 진행했다. 2008년 초반에는 한류콘서트와 팬덤에 대한 반응이 나뉘었는데, 국내 언론의 과장된 평가라는 시각, 혹은 해외에서의 한류문화 성공 사례로 분석하기도 했다.[18] YG와 JYP도 같은 행보를 보였다. 소속사 가수들의 합동 공연으로 팬덤을 구축했고, 대형 기획사 모두 현재까지 합동 콘서트를 계속 열고 있다.

2000년대 중빈부터 시도했던 해외 진출, 특히 서구의 대중음악시장에 성공적으로 안착하기 위해 노력했던 대형 기획사들은 소속사의 합동 공연을 통해 주목받거나 아시아시장의 안정적 확보를 위해 꾸준히 노력하는 등의 행보를 보였다. 이 과정에서 각 기획사는 SNS 채널을 운영하기도 했지만, 빅히트엔터테인먼트는 방탄소년단이라는 보이그룹을 소셜미디어 플랫폼을 적극적으로 활용하며 글로벌 팬덤을 구축하는 데 노력했다고 평가받고 있다. 기존 기획사와는 다른 차별적 방법을 선택하여, 성공한 것이다.

이미 2012년 가수 싸이의 성공은 미디어 플랫폼과 이를 적극적으로 이용하는 이용자 간의 상호작용의 산물이었다. 기획사나 가수 자신의 노력이 아닌 우연한 기회에 만들어졌기 때문이

18 김진경, "'SM타운', 샤이니 종현 '완전체 오랜만… 사월 덕에 힘내'", 《일간스포츠》, 2017. 7. 8; 유지성, "케이팝의 바깥사정", 《GQ》, 2012. 3. 23; 조우영, "영국팬은 왜 YG를 택했나", 《이데일리》, 2011. 7. 10; 서병기, "K팝 한류, 앞으로가 문제", 《헤럴드POP》, 2011. 7. 12.

다. 유튜브라는 플랫폼을 통해 싸이의 뮤직비디오가 인기를 끌면서 뮤직비디오를 감상하고 이를 따라 하는 영상이 꼬리에 꼬리를 물고 생산 · 소비되었다는 점이 그렇다. 뮤직비디오 속 가수의 모습을 감상하는 것뿐만 아니라 이용자 스스로의 참여, 적극적 감상 등이 더 큰 팬덤을 형성하는 효과를 가져왔고, 이용자 모두에게 즐거움을 선사했다.

〈강남스타일〉 뮤직비디오의 유튜브 조회 수가 2017년 11월 26일 기준 30억 건을 넘었는데, 2012년 7월 공개 이후 지금까지 전 세계적으로 많은 이용자가 감상했다는 것을 알 수 있는 데이터다. 실제로 2012년 당시 뮤직비디오 조회 수는 100일 만에 5억 건을 넘었는데, BBC · CNN · 뉴욕타임스 등 해외 언론들이 싸이와 '말춤' 신드롬을 사회 현상으로 주목했고, 해외 유명 방송 프로그램이나 무대에서 가수 싸이의 공연을 볼 수 있었다. 2017년 기록을 통해 〈강남스타일〉 뮤직비디오는 유튜브 전체에서 '가장 많이 본 동영상' 1위가 되었다.[19]

가수 싸이부터 지금의 방탄소년단까지 유튜브의 적극적 활용이 가져온 케이팝의 성공 요인은 소셜미디어 플랫폼을 적극적으로 이용하는 이용자의 라이프스타일 변화가 큰 요인일 것이

19 최주용, "싸이 '강남스타일' 뮤직비디오 유튜브 30억뷰 돌파, 韓 최초 · 최고 기록", 《조선일보》, 2017. 11. 26.

다. 현재 미디어 플랫폼의 특징 중 하나는 정보 접근의 편리성인데, 인터넷의 쌍방향성을 지닌 소셜 네트워크는 정보를 찾고 스스로를 표현하고 다른 이용자 끊임없이 대화하는 상황을 가능하게 한다. 이용자 개인이 각종 정보에 대한 접근, 처리, 조작 등의 능력을 갖게 되면서 과거와는 다른 영향력을 행사하게 되었다. 개인이 가종 정보에 내한 다양한 능력을 갖게 됨에 따라 기존의 미디어 정보 혹은 다양한 정보 자료와 상호작용이 더욱 활성화되고 데이터 제작에 개인이 유기적으로 참여할 수 있다. 개인은 과거의 수용자처럼 일방적으로 주어진 콘텐츠나 정보를 읽는 수준의 소비자에 머물 수도 있지만, 정보를 검색하며 선택하는 '맞춤형' 수용과정을 가질 수도 있다.

젠킨스(H. Jenkins)의 논리처럼 새로운 미디어 환경은 이용자의 소비활동과 영역 범위를 확장시키고 있다. 네트워킹, 멀티태스킹, 콘텐츠의 전유가 가능해졌고, 이러한 기능으로 인해 형성된 참여문화는 '상호작용의 소비'이자 '참여'가 주는 즐거움을 점차 크게 느끼도록 한다. 이용자는 정보에 접근하는 것만으로도 즐거움을 느끼게 되었다. 커뮤니케이션 기계와 시간을 보내는 것은 현대사회에서 자유를 소비하는 중요한 방법이 되고 있기 때문이다.[20]

20 헨리 젠킨스(2008), 《컨버전스 컬처》, 김정희원 · 김동신 옮김, 비즈앤비즈 참고.

이와 같이 정보에 대한 접근 방식이 하나의 소비패턴 혹은 생산패턴으로 전환되면서 이용자는 프로슈머(prosumer)로서의 위치를 갖게 된다. 말하면서 쓸 수 있고, 읽으면서 볼 수 있는 동시적 상황이 지속되면서 미디어와 미디어가 겹쳐지는 기능 간의 친밀성과 긴밀성은 더욱 강화된다. 따라서 이용자의 다양한 감각 활용이 가능한 정보의 생산과 소비는 하나의 '놀이문화'를 형성하게 되었다. 정보의 시작지점, 많은 이용자가 정보 공유과정에 참여하는 것은 이제 매우 중요한 참여놀이가 되었으며, 이러한 정보공유과정에 참여하지 못할 경우 도태되는 것 같은 두려움을 느끼게 되기도 한다. 케이팝 관련 정보를 검색해보면 유튜브 영상 중 아이돌 그룹의 춤을 따라 하는 자신의 모습을 찍어 올리거나 친구들과 함께 촬영한 영상을 올린 자료들, 그리고 걸그룹의 춤을 단체로 추는 영상도 쉽게 찾아볼 수 있다.

최근 큰 주목을 받고 있는 그룹 방탄소년단을 유튜브에서 검색해보면, 방탄소년단의 뮤직비디오를 보고 놀라는 사람들, 방탄소년단 공연 티켓을 자녀에게 선물하는 부모와 즐거워하는 자녀들의 모습, 방탄소년단의 일상을 보고 즐거워하는 사람들 등 다양하다. 다양한 팬들의 모습과 감정을 영상으로 함께 보고 공유하고 즐거움을 함께하는 방식은 이제 팬들의 보편적 모습이 되었다.

따라서 2000년대 중반부터 시작된 미디어 플랫폼의 활용,

특히 소셜미디어 플랫폼은 이용자들을 팬 커뮤니티로 끌어들이고, 아이돌 가수의 음악 콘텐츠를 일상적으로 소비하게 만들었다. 또한 팬들 간의 공통된 관심사를 꾸준히 이어갈 수 있도록 만든 중요한 매개적 수단이며, 케이팝이 현재의 팬덤을 형성하는 데도 중요한 기능을 했다고 볼 수 있다.

방탄소년단의 음악 오디세이[21]

몇 년 전 TV에서는 한국의 아이돌 그룹이 힙합을 배우기 위해 미국 LA로 떠난다는 내용의 리얼리티 프로그램이 방영되었다. 힙합의 본고장이라 불리는 미국, 그리고 LA라는 도시를 방문한다는 설렘에 긴장하고 들떠 있던 멤버들은 관심을 끌기에 충분했다. 언어와 문화가 다른 낯선 도시에 도착한 멤버들의 미국 여행기는 그동안의 노력에 대한 보상이자 또 다른 도전의 시간처럼 보였다. 낯선 곳에서의 생활에 어색해하다가도 이내 익숙해져 장난을 치던 멤버들의 모습은 2018년 지금까지도 계속되

21 이종임, [문화비평] "방탄소년단의 음악 오디세이", 《경희대 대학원 신문》 231, 2018. 10. 22.

고 있다. 리얼리티 프로그램의 주인공은 방탄소년단이었다.

2014년 Mnet의 리얼리티 프로그램 〈아메리칸 허슬 라이프〉에 출연했던 방탄소년단의 지금은 전 세계 시청자를 대상으로 리얼리티 프로그램을 찍고 있는 듯하다. 미국 음악시장에 진출한 적이 없던 방탄소년단이 글로벌 팬을 형성하고, 그들의 요청으로 미국에서 시작해 유럽까지 영역을 넓혀가며 가수활동을 하고 있기 때문이다. 빌보드 뮤직 어워드, 아메리칸 뮤직 어워드에서 수상하며 연일 새로운 행보를 이어나가고 있다. 빌보드 뮤직 어워드 시상식에서 소감을 말할 때도, 유명 해외 토크쇼에 출연해 자기소개를 할 때도 그들은 몇 년 전 리얼리티 프로그램 속 모습처럼 풋풋하다. 자신의 이름을 영어로 이야기하는 것에는 어색해하지만, 무대 위 노래를 선보일 때는 언제 그랬냐는 듯 폭발적 자신감을 보여준다.

한국에서 매년 아이돌 가수로 데뷔하는 가수는 셀 수 없이 많다. '아이돌 고시'라는 말이 등장할 정도로 아이돌 가수로 데뷔할 기회를 얻는 것도 쉽지 않다. 이처럼 가수로 인기를 얻는다는 것은 과거에도, 현재도 여전히 어려워 보인다. 치열한 경쟁과 성과중심으로 점철된 국내 음악시장에서 방탄소년단의 글로벌 팬덤의 형성은 여전히 많은 사람에게는 궁금함을 불러일으킨다. 수많은 아이돌 그룹 사이에서, SM, JYP, YG로 명명되는 대형 기획사 소속도 아닌 그룹이 몇 년 사이에 이렇게 큰 인기를 얻을 수 있었던 이유는 무엇일까.

방탄소년단의 음악을 왜 좋아하는지 팬들에게 물어보면, 가장 많이 언급되는 것 중 하나가 노래 가사다. 물론 엄청난 집중력과 테크닉을 보여주는 화려한 군무와 멤버들이 갖고 있는 캐릭터도 빼놓을 수 없지만, 노래 가사와 앨범의 콘셉트에 대한 긍정적 평가가 많다. 방탄소년단 멤버들이 삶의 기쁨과 고통, 청춘 등에 대해 스스로 말하고 고민한 흔적이 가사에 녹아들어 있고, 이렇게 자신의 이야기를 노래하는 가수에 대해 팬들은 즉각적으로 화답했다는 것을 알 수 있다. 이러한 공감의 물결은 UN 정기총회에서 연설할 기회까지도 만들어냈다.

결국 그룹이 지향하는 음악활동을 적극적으로 표방한 것, 지속적인 팬들과의 소통이 팬덤 형성의 큰 요인이라 볼 수 있다. 앞서 살펴봤듯이 수많은 아이돌 가수가 데뷔하고 사라지는 치열한 경쟁상황 속에서 아이돌 가수들이 '자신의 이야기'를 음악을 통해 팬들에게 설명하기란 쉽지 않다. 음반 판매율이나 다운로드 수, 콘서트 티켓 판매율처럼 즉각적으로 드러나는 시장 수익률이 그룹의 존폐를 결정짓는 중요한 기준이기 때문이다.

하지만 방탄소년단은 2013년 데뷔 이후 방탄소년단만의 정체성을 구축하는 데 집중해왔다. 영국 BBC의 유명 토크쇼 〈더 그레이엄 노튼 쇼〉(The Graham Norton Show)에 출연했을 때도 진행자는 BTS가 어떤 의미인지를 질문했다. 방탄소년단을 지칭하는

'BTS'는 애초 총알을 막아낸다는 'Bulletproof Boys'(10대들의 사회적 편견과 억압 해소) 외에 과거와 미래를 아우르는 의미의 'Beyond The Scene'(현실에 안주하지 않고 꿈을 향해 끊임없이 달려가는 청춘)도 담고 있는 것으로 알려져 있다. 이는 BTS만의 특징을 지닌 음악적 가치를 지켜낸다는 뜻이기도 하다. 방탄소년단의 소속사 빅히트는 2017년 7월, 방탄소년단의 브랜드 아이덴티티 모션 그래픽 영상에서 이러한 의미를 설명하기도 했다.

이와 동시에 방탄소년단의 글로벌 팬덤의 형성에는 소셜 미디어 플랫폼도 중요하게 작용했다. 방탄소년단이 미국 빌보드 톱 소셜 어워즈 수상으로 무대에 올랐을 때, NBC의 〈엘런 드제너러스 쇼〉(The Ellen DeGeneres Show), 〈더 투나잇 쇼 스타링 지미 펄론〉(The Tonight Show Starring Jimmy Fallon), ABC의 〈굿모닝 아메리카〉(Good Morning America)에 출연했을 때도 방탄소년단에 열광하는 10대들이 화면을 가득 채웠다. 이들은 유튜브로 뮤직비디오에 자신의 감정을 표현하는 리액션 비디오를 업로드하고, 댓글을 통해 서로 의견을 교환한다. 하루도 거르지 않고 트위터에 올라오는 방탄소년단 멤버들의 영상과 사진은 팬들에게 방탄소년단이 마치 곁에 있는 것과 같은 친근함을 느끼게 하고, 팬들도 소셜 미디어 플랫폼 콘텐츠를 적극적으로 소비하고 생산한다. 또한 스스로 팬덤임을 알리는 것에 주저하지 않으며, 영상에 스스로를 드러내고 타인과 감정적으로 연대하는 것에 주저하지 않는다. 이를 보여주듯이, 월드 투어 중 TV를 통해 전해진 모습은 방탄소년단의 공연장에는 공연 며칠 전부터 팬들이 캠핑장을 만들며 콘서트 입장을 기다리는 진풍경이 벌어진다. 그렇다면, 방탄소년단의 글로벌 팬덤 형성 이유는 무엇일까. 방탄소년단의 소속사인 빅히트엔터테인먼트의 치밀한 플랫폼 활용 전략, 멤버들의 이야기를 가사로 전달하려는 꾸준한 노력의 결과물인 음악성 등으로 설명할 수 있을 것이다. 그리고 가장 중요한 요인은 방탄소년단 멤버들의 꾸준한 노력이 소셜미디어를 통해 팬들에게 전달된다는 점이다.

현재 국내 언론에서는 방탄소년단의 글로벌 팬덤이 이렇게 열정적이고 폭넓게 형성될 수 있었던 이유는 무엇인지 계속 질문을 던지고 있다. 타임지 커버를 장식하고, 영국 BBC에서는 방탄소년단을 '21세기 비틀즈'라며 극찬하기도 했다. 그리고 이를 가능하게 한 것은 바로 팬덤이다. 이들은 모바일로 커뮤니케이션을 하고 모바일로 미디어 콘텐츠를 소비한다. 소셜미디어를 통해 수많은 사람과 느슨하고도 넓게, 그리고 감정적으로 소통한다. 일례로 유튜브 등의 소셜미디어 플랫폼은 기존의 미디어 플랫폼과 달리 여러 단계를 거치지 않고도 콘텐츠를 소비할 수 있다는 장점을 지닌다. 손가락만으로 수많은 영상을 검색하고 즐길 수 있는 지금의 미디어 환경 속에서 살아가는 이용자는 영상 검색조차 즐거운 과정이 된다. 영상 중심의 소통이 주를 이루면서 문화가 다르고 언어가 달라도 그 '다름'을 메울 수 있는 자막과 댓글들이 빠르게 준비되고 소비된다. 인기 유튜버가 가족이나 친구보다 '나를 더 잘 이해해준다'고 느낀다는 미국 10대의 대답은 현재의 대중문화의 특징을 잘 설명해준다. 케이팝의 특징은 완성도 높은 뮤직비디오, 또래들과 함께 즐길 수 있는 집단 군무, 아이돌 그룹 멤버들의 아름다운 외모, 성실한 스타로서의 모습 등으로 설명된다. 미국의 팝이나 유럽음악, 뮤지션들과 구분되는 특징이기도 하다. 빠른 글로벌 팬덤을 형성할 수 있었던 것은 케이팝 장르도 중요한 요인이다.

2018년 현재, 아이돌 가수였던 H.O.T.와 젝스키스의 공연장을 찾는 수많은 팬들의 열정을 어떻게 해석할 수 있을까. 당시 특히 인기를 끌었던 두 그룹의 노래에는 청소년들이 공감할 수 있는 가사가 자리하고 있었다. 그때의 팬들이 느꼈던 감정적 연대는 성인이 된 지금까지도 이어지고 있다. 결국 대중의 관심을 끌 수 있는 음악은 예나 지금이나 크게 다르지 않다는 것을 알 수 있다. 아이돌 그룹이 지니고 있는 정체성, 음악성, 팬들과의 소통 등이 인기 아이돌로서의 위치를 갖게 만드는 것이다.

따라서 지금과 같이 방탄소년단에게 글로벌 팬들이 존재할 수 있는 이유는 음악으로 자신에게 말을 걸어주고 공감하는 그룹 멤버들의 활동 때문이다. 국내 음악시장을 넘어 해외에서 활발한 활동을 하고 있는 방탄소년단은 지금 월드투어 중이다. 전 세계의 팬들과 소통하고 새로운 음악시장에서의 체류가 국내의 팬들과 만날 때 어떤 방식으로 그들만의 감수성이 묻어난 음악을 선보이게 될지 기대된다. 그리고 방탄소년단의 끝없는 행보가 어디까지 이어질지 우리 모두 지켜봐야 할 이유는 이미 충분한 것 같다.

5장
아이돌 스타
육성 시스템

1.
기획사,
캐스팅에서 메이킹으로

아이돌 가수가 한류문화를 이끌어가게 되면서 한국의 대중문화에서 기획사 중심의 아이돌 가수 육성 시스템이 중요한 역할을 하게 되었다. 기획사뿐 아니라, 산업구조의 변화와 정책지원이 함께 시너지를 낸 결과이기도 하다. 그러한 성과에 대한 기쁨과 함께 우리가 논의해야 할 것은 기획사 주도 아이돌 육성 시스템이 갖는 문제다. 아이돌 가수를 원하는 지원자들의 증가만큼 기획사 수도 증가했지만, 불공정 계약, 무리한 스케줄, 수익배분의 문제 등 연예매니지먼트산업 내의 과도한 경쟁으로 인한 문제가 언론을 통해 보도되기도 했다. 그리고 이를 해결하기 위해 국가적 차원에서 제도 마련이 이루어지기도 했다.

일례로 문화체육관광부와 한국콘텐츠진흥원이 대중문화예

술기획업(연예기획사)에 대한 종합적인 정보를 제공하는 '대중문화예술 종합정보시스템'을 구축한 사례가 제도 마련의 실질적 움직임이라고 볼 수 있다. 문화체육관광부와 한국콘텐츠진흥원이 이러한 기획사 등록 제도를 도입한 이유 중 주목해야 할 부분은 무분별한 기획사 설립과 이로 인해 피해를 보는 소속사 연습생들을 보호하기 위해서라는 점이다. 연습생들을 보호하기 위해 이러한 제도가 도입되었지만, 2016년 제작된 Mnet의 〈프로듀스 101〉에 출연한 아이돌 연습생 소속 기획사 중 대중문화예술 종합정보시스템에 등록하지 않은 무등록 기획사가 발견되기도 했다. 당시 이 프로그램에는 46개 기획사 소속 101명의 연습생이 지원했는데, 이 중 6개 기획사가 미등록 소속사였고, 홈페이지가 없거나 홈페이지에 허위정보를 기재해놓기도 한 것이 2016년 3월 뉴스를 통해 보도되기도 했다.[1] 대중문화예술 종합정보시스템에 공개된 자료를 보면, 현재 대중문화예술 종합정보시스템에 등록된 기획사 수는 2017년 현재 2,025개에 달하며 서울에만 1,765개가 있다.[2] 연예매지니먼트산업의 규모와 함께 제도적 개

1 박상은, "'연습생들은 알까' 프로듀스101, 무허가 기획사 무더기 출연", 《국민일보》, 2016. 3. 9.

2 물론 등록된 기획사의 세부적인 특성을 찾아보면, 모든 기획사가 아이돌 가수를 양성하는 것은 아니다. 그러나 전체 연예기획사 수가 2,025개라는 숫자의 의미를 좀 더 세부적으로 살펴봐야 할 필요는 있다.

입이 왜 중요한가를 보여주는 수치라고 할 수 있다.

피해 사례를 줄이고 공정한 산업구조를 구축하기 위해서는 한류문화 관련 산업을 주도하는 주체들의 투명한 운영과 제도가 뒷받침되는 활동이 전제되어야 한다. 하지만 수익 중심의 기획사 운영방식과 짧은 기간 내에 큰 수익을 얻으려는 욕망, 아이돌 가수가 되려는 수많은 청소년들, 그리고 한류 팬덤까지 결합하면서 순식간에 이 문제는 쉽게 해결할 수 없는 복잡한 상황에 접어들었다. 현재 대중의 사랑을 받고 있는 유명 배우들도 아이돌 연습생 생활을 한 경험이 있다는 사례도 쉽게 찾아볼 수 있을 만큼 지금의 한류산업과 한류스타는 '우연한 기회'에 성공할 기회를 얻기보다 기획사 주도의 아이돌 가수 양성 시스템을 거친 뒤에 가능한 것이 되었다.[3]

기획사가 비밀에 붙였던 아이돌 연습생을 미디어에 노출하는 전략을 선택하게 되면서 아이돌 연습생을 선발하는 오디션도 꾸준히 활용되고 있다. 연습생의 노출 전략은 데뷔 이후 성공 가능성을 가늠해볼 수 있으며, 연습생부터 팬덤을 형성할 수 있는 장점이 존재하므로 기획사는 꾸준히 아이돌 연습생을 미디어에 노출하는 전략을 선택하고 있다.

3 최상진, "'명단공개' 원빈, 이종석, 박보검 모두 아이돌 연습생 출신?", 《서울경제》, 2016. 10. 24.

아이돌 연습생은 몇 년 전까지만 해도 비밀에 붙여져야 하는 기획사의 자산이자 경쟁력을 유지하는 중요한 수단 중의 하나였다. 하지만 팬덤 형성이 아이돌 가수의 인기를 유지하는 데 중요한 기반이 되면서 음악 전문 채널에서는 몇 년 전부터 아이돌 연습생들 간의 경쟁을 다룬 프로그램을 제작하기 시작했다. 특히 SM이나 JYP, YG 등 국내 대형 연예기획사 내부의 아이돌 데뷔 결정 과정을 보여주는 프로그램이 제작되어왔는데, 2013년에는 YG엔터테인먼트 연습생들의 오디션 프로그램을 다룬 〈WIN: Who is Next〉, 2015년에는 JYP엔터테인먼트 연습생들의 오디션 과정을 보여준 〈Sixteen〉 등이 방송되었다. 그리고 이 프로그램에 출연했던 YG 연습생들은 위너와 아이콘으로, JYP 연습생들은 트와이스로 데뷔하여 인기 아이돌 그룹으로서의 활동을 이어나가고 있다.

그리고 아이돌 연습생에 대한 대중적 관심을 불러일으킨 것은 〈프로듀스101〉일 것이다. 걸그룹 데뷔를 결정짓는 여성 아이돌 연습생들의 경쟁을 다룬 프로그램으로 시청자, 대중을 '국민 프로듀서'라고 호명하며 대중의 적극적 참여가 아이돌 가수 데뷔에 결정적 역할을 하게 만들었다. 게다가 101명의 경쟁을 TV 화면에서 볼 수 있다는 점도 기존에는 없었던 새로운 콘셉트의 방송이었고, 시청자의 적극적 참여를 이끌어내는 데 성공했다. 2016년 방송된 〈프로듀스101〉 시즌1의 큰 성공으로 2017년에는 보이그룹의 데뷔를 결정짓는 〈프로듀스101〉 시즌2를 제작했다. 이 프로그램 역시 대중의 관심을 끄는 데 성공했다. 시즌1을 통해 데뷔한 I.O.I는 현재 다른 그룹의 멤버들로 데뷔해 여전히 열심히 활동하고 있고, 시즌2로 데뷔한 그룹 Wanna One은 여전히 순항 중이다. Wanna One 멤버인 강다니엘은 남자 광고 모델 브랜드 평판 2위를 기록했는데, 이러한 발표는 〈프로듀스101〉의 인기를 상징적으로 보여준다.[4]

이렇듯 아이돌 연습생들의 출연이 프로그램의 시청률 확보에 중요한 수단이 되면서 유사한 프로그램이 꾸준히 제작되었는데, 2017년 하반기에는 KBS의 〈더 유닛〉과 Mnet의 〈믹스나인〉이 방송되었다. 연습생들의 피나는 도전은 그대로였지만, 프로그램 콘셉트가 대중의 관심과 부합하지 못했고, 아이돌 데뷔를 시켜주겠다던 심사위원들의 다짐은 공중으로 흩어졌다. 결국 오디션 프로그램은 시청률, 시청자 참여가 아이돌 연습생들의 데뷔를 결정짓는다는 것을 다시 한번 확인했다. 그리고 2018년 Mnet은 〈프로듀스48〉로 다시 시청자를 찾아왔다.

2018년 6월 15일 첫 방송을 시작한 〈프로듀스48〉은 〈프로듀스101〉의 시즌 2편에 익숙해져 있는 시청자의 관심을 끌기 위

4 박서현, "박서준, 7월 男광고모델 브랜드평판 1위… 2위 강다니엘 3위 공유", 《헤럴드POP》, 2018. 7. 29.

해 새로운 구성으로 제작되었다. 한국의 아이돌 연습생들과 일본의 걸그룹 AKB48의 멤버들이 함께 경쟁하는 구도를 만든 것이다. 최종적으로는 한국의 연습생 6명과 AKB48의 6명으로 구성된 12명의 글로벌 걸그룹을 배출하는 것이다. 일본의 AKB48은 '만나러 갈 수 있는 아이돌'을 콘셉트로 한 걸그룹으로 아키하바라의 AKB48 전용극장에서 거의 매일 공연한다. 걸그룹 멤버들의 성장을 미디어 채널이 아닌 현장에서 직접 볼 수 있고, 그런 일상적 만남이 가능해지면서 걸그룹의 성장과정을 바로 옆에서 볼 수 있다는 점에서 큰 인기를 끌고 있다. 하지만 〈프로듀스48〉에 출연하고 있는 일본 출연자들 중 일본에서 데뷔했지만 큰 주목을 받지 못했다고 고백하며 눈물을 흘리는 연습생이나, 아이돌 연습생으로 오랜 기간 준비했지만 데뷔 기회를 잡지 못한 한국의 아이돌 연습생들이 갖는 고민과 좌절감은 크게 다르지 않다는 것을 알 수 있다.

방송 초반에 시청자는 한국의 아이돌 연습생들의 완벽한 실력과 일본 아이돌 연습생들의 친근감에 대해 다양한 반응을 보였다. 오디션 과정에서 일본 연습생들은 음이탈을 하거나 춤 실력 등이 한국 연습생들에 비해 많이 뒤처지는 모습을 보였다. 하지만 초반과 달리 다양한 그룹 미션을 수행하면서 실력이 늘고 자신감을 갖는 출연자들이 늘어나기 시작했다. 한국과 일본이라는 국적의 구분보다는 각 연습생 개인의 캐릭터나 소통방식, 인간관계, 그리고 노력하는 열정 등에 대한 평가가 주를 이루기 시작했다. 서로 다른 문화와 언어권에서 살아온 지원자들이 친밀감을 갖게 되고, 서로를 격려해주는 모습은 순위를 떠나 보는 사람들의 마음을 뭉클하게 하기도 했다. 지원자들의 실력을 객관적으로 평가해 적용되는 등급, 매회 발표되는 투표 순위, 언어가 달라 소통이 쉽지 않은 상황에서 이루어지는 그룹 미션 수행 등은 시청자의 관심을 끄는 데 성공했다.

그럼에도 오디션 프로그램에서 빠지지 않는 것은 이른바 '악마의 편집'이라 불리는 차별적이고 주관적인 화면구성이다. 일반인이 지원했던 서바이벌 프로그램에서는 사실을 비틀어버리는 편집이 많이 등장하면서 실제 사건을 왜곡하거나 의미를 과잉생산하는 것에 대한 비판이 많았다.[5]

서바이벌 프로그램의 핵심은 공정한 경쟁과 실력이다. 주요 분야의 전문가들이 심사위원이 아니라 일반 시청자가 '국민 프로듀서'로 명명되며 투표권을 행사할 수 있는 근거는 객관적 순위 선정이다. 게다가 〈프로듀스48〉은 한국과 일본 연습생들 간의 경쟁을 다루고 있기 때문에 그 어느 때보다 공정한 경쟁이 중요하다. 글로벌 걸그룹을 선발하겠다는 기준에 부합하기 위해

5 김현식, "'슈스케7' 악마의 편집, 심사위원 가인도 당했다", 《CBS 노컷뉴스》, 2015. 9. 4.

언어와 문화가 다른 연습생들이 함께 경쟁하고 있는 것이다.

시청자는 새로운 형태의 서바이벌 오디션인 아이돌 데뷔 결정전이 우리 사회가 추구해야 하는 '공정한 경쟁'이 미디어 속에서만이라도 이루어지기를 원한다. 글로벌 걸그룹 데뷔전으로서의 〈프로듀스48〉은 시청자가 한국과 일본의 문화적 차이와 실력의 차이를 평가하기 위해 투표하는 것이 아니다. 열심히 노력하는 아이돌 연습생들에게 공정한 기회를 제공하고 성공의 기회를 잡을 수 있도록 돕고 싶은 대중의 바람이 크다.[6] 〈프로듀스48〉에서 최종 선발된 연습생들은 아이돌 그룹 아이즈원으로 데뷔, 한국과 일본에서의 활동을 병행하고 있다. 기획사와 방송사, 그리고 대중이 함께 메이킹하는 아이돌 그룹의 탄생은 한동안 계속될 것이다.

6 이종임, "프로듀스48, 경쟁 어디까지 해봤니?", 《방송트렌드&인사이트》 15(2018년 2호).

2.
변화를 모색하는 방송사와 엔터테인먼트 기획사

최근 예능 프로그램의 특징 중 하나는 예능 프로그램 제작에 대형 엔터테인먼트 기획사가 가세하고 있다는 점이다. 유튜브 등의 다양한 소셜미디어 플랫폼을 통해 콘텐츠를 소비하는 방식의 증가, 1인 크리에이터의 증가, 포털 사이트에서 소비 가능한 다양한 콘텐츠 앱의 등장, 그리고 넷플릭스 등의 플랫폼이 가세하면서 국내 방송사 채널들도 변화의 상황에 직면했다. 이러한 상황은 국내 엔터테인먼트 기획사에도 영향을 미쳤다. 엔터테인먼트 회사들은 아이돌 가수 중심의 수익구조가 불안정한 상황에 놓이게 되면서 예능 PD와 출연진들을 보유하며 다각적 영역에서의 수익구조 창출 모색에 나서기 시작했다. 몇 년 전에는 방송사 간 예능 프로그램 제작 PD의 이동이 이뤄졌다면, 지

〈표 6〉 엔터테인먼트 회사가 제작한 예능 프로그램

SM C&C	YG	FNC
〈아는 형님〉(JTBC) 〈인생술집〉(tvN) 〈발레교습소 백조클럽〉(KBS) 〈너에게 나를 보낸다〉(E채널) 〈아이엠셰프〉(TV조선) 〈토크몬〉(tvN) 〈효리네 민박 2〉(JTBC)	〈믹스나인〉(JTBC) 〈꽃놀이패〉(SBS) 〈교칙위반 수학여행〉(JTBC) 〈착하게 살자〉(JTBC)	〈신드롬맨〉(KBS) 〈며느리 모시기〉(TV조선) 〈영웅삼국지〉(TV조선) 〈씬스틸러〉(SBS) 〈뭉쳐야 뜬다〉(JTBC)

출처: 이종임(2018), "JTBC, 뉴스와 예능은 가는 길이 다르다?", 《문화과학》 93, 169쪽 재인용.

금은 엔터테인먼트 회사까지 PD를 영입하고 있는 상황이다.

〈표 6〉에 제시되어 있듯이, 실제로 현재 많은 예능 프로그램 제작에 대형 엔터테인먼트 회사가 참여하고 있는데, SM, YG, FNC 등이 여러 개의 예능 프로그램을 제작하고 있다.

케이팝을 주도하는 가수들이 해외 팬덤을 중심으로 큰 인기를 끌고 있지만, 국내 기획사들은 새로운 수익구조 모델을 개발하는 움직임을 보이고 있다. 음악은 그 자체만으로 다양한 콘텐츠를 제작할 수 있는 중요한 플랫폼이기도 한다. 다양한 오디션 프로그램, 기성 가수들의 경쟁 프로그램, 그리고 일반인과 가수의 협업, 혹은 일반인과 가수의 경쟁 과정 등을 제작할 수 있기 때문이다.

방송 채널 간 경쟁 심화, 소셜미디어 플랫폼의 등장 등 시청자의 소비패턴이 세분화되면서 다양한 플랫폼을 넘나들며 소비가 가능한 콘텐츠가 주목을 받았다. 빠르게 변화하는 방송시장에서 비교적 안정적인 시청률을 확보하기 위해 선택하는 프로그램 중 하나가 바로 음악 프로그램이었다.

2011년 제작된 MBC의 〈나는 가수다〉는 이미 데뷔한 뒤 대중적 인지도를 지닌 가수들이 관객의 투표를 통해 1위를 차지하기 위해 경쟁하는 과정을 디테일하게 보여주었는데, 그 어떤 음악 프로그램보다 큰 인기를 끌었다. 국내 성공 이후 중국에 포맷을 수출할 만큼 아시아시장에서도 경쟁력을 인정받았다. 이후에도 음악 프로그램의 변화는 계속되었는데, MBC의 〈복면가왕〉, KBS의 〈불후의 명곡〉 등은 서로 같지만 다른 포맷을 선보이며 시청자의 꾸준한 관심을 받고 있다. 특히 주목할 만한 점은 과거 음악예능과 달리 관객평가단의 투표가 중요한 역할을 한다는 점이다. 프로그램을 수동적으로 바라보는 것에서 이동해 시청자, 관객이 프로그램 제작의 중요한 주체로 참여하게 된다는 콘셉트도 중요한 성공요소였다.

그리고 최근 음악 프로그램의 경쟁 포맷에서 약간의 변화를 보인 것이 〈히든 싱어〉다. 일반인이 관객으로서 우승자를 결정짓는 역할에서 더 나아가 유명 가수와 경쟁하는 경쟁자로 나서기 시작했다. 일반인과 진짜 가수를 구별해야 하는 미션 수행 등은 스튜디오에서 투표해야 하는 관객뿐만 아니라 많은 시청자에게도 큰 재미를 선사했다. tvN의 〈너의 목소리가 보여〉는 시즌을 거듭하며 큰 인기를 끌었는데, 음치와 실력자를 구별하는 과정에서 다양한 캐릭터와 즐거움을 선사했다. SBS의 〈판타스틱 듀오〉도 일반인과 유명가수가 함께 팀을 이뤄 팀별 경쟁을 벌인다는 구성으로 비교적 좋은 평가를 받았다.

이 외에도 크로스오버 음악 오디션 프로그램인 〈팬텀싱어〉는 음악 프로그램이 아이돌 음악인 케이팝 중심으로 제작되었던 경향에서 탈피해 뮤지컬, 오페라, 국악 등 다양한 음악 전공자들이 경연을 펼치는 프로그램으로 구성되었다. 〈팬텀싱어〉는 평균 4%의 시청률을 기록하며 시즌2까지 방송되었다. 〈비긴어게인〉 역시 프로페셔널한 국내 뮤지션들이 해외에서 버스킹을 하며 음악으로 이야기하고 삶의 고민을 노래하는 구성으로 비교적 안정적인 인기를 끌었다.

문화산업은 콘텐츠, 유통 플랫폼 그리고 소비자가 기술, 사회제도와 밀접한 연관성을 지니며 발전해왔다. 최근 디지털미디어 환경이 빠르게 변화하면서 자신의 라이프스타일에 맞는 플랫폼, 채널, 콘텐츠를 선택하는 것은 이제 일상적인 콘텐츠 소비패턴이 되었다.

이후 콘텐츠 생산자, 플랫폼 운영주체들은 이러한 변화에 부합하기 위해 다양한 전략을 구사하기 시작했고, 국내의 미디어 생태계도 빠르게 변화하고 있다. 그러는 사이 '넷플릭스(Netflix)'라는 새로운 글로벌 플랫폼이 국내 문화산업에 유입되면서 소셜미디어 플랫폼과는 또 다른 방식으로 국내 문화산업에 영향을 미치고 있다. 유튜브 이용자나 페이스북, 인스타그램 같은 소셜미디어 플랫폼은 기존의 전통적 미디어 채널과 연동 가능한 대상으로 인식해왔다. 하지만 넷플릭스는 짧은 시간에 많은 국내 이용자를 확보하고 있으며, 국내 드라마, 영화 등 미디어 콘텐츠에 대한 투자도 병행하는 등 본격적으로 한국시장 진출 행보를 이어나가고 있다.

넷플릭스는 이미 봉준호 감독의 영화 〈옥자〉에 5천만 달러(약 578억 원)를 투자했다. 그리고 이 영화는 국제영화제 출품을 시도하면서 영화인들의 비판에 부딪히기도 했다. 그리고 기존의 전통적 콘텐츠 플랫폼 관계자들도 고민에 빠졌다. 스트리밍 플랫폼이 제작한 영화 콘텐츠가 국제영화제에 출품하리라고는 그 누구도 생각하지 못했기 때문이다. 이와 동시에 앞으로 넷플릭스에 가입하는 이용자가 더욱 늘어날 것을 고려해본다면, 기존의 전통적 플랫폼/채널의 생존방식은 더 치열해질 것이다. 국내 통신사 LG 유플러스는 넷플릭스와의 제휴를 통해 안방 텔레비전 수상기를 통해서도 넷플릭스 콘텐츠를 볼 수 있게 하겠다고 발표했다. 이처럼 국내에서는 1인 방송 채널이 TV 채널에 개설되기도 하고, 국내 방송 드라마에 넷플릭스가 투자하는 등 큰 변화를 경험하고 있다.

CJ ENM이 세운 제작사 스튜디오드래곤이 제작한 드라마 〈미스터 선샤인〉도 넷플릭스로부터 투자를 받은 사실 역시 방송 전부터 큰 화제가 되었다. 스튜디오드래곤이 넷플릭스와 계약한 넷플릭스 방영권 판매 금액은 280억 원으로 추정되는 내용이 기사를 통해 보도되기도 했다.[7] CJ ENM은 국내시장뿐 아니라 해외시장에 진출하기 위해 꾸준히 노력해왔다. 그러한 기업이 넷플릭스라는 플랫폼에 제작 콘텐츠를 제공하는 계약을 맺었다는 것이 상징하는 의미는 크다.

그동안 국내 문화산업은 해외 기업의 국내시장 유입에 대해 민감한 반응을 보여왔다. 그간 국내에서는 스크린쿼터와 같은 문화정책을 통해 국내문화산업 보호에 힘써왔다. 하지만 최근 콘텐츠 이용자들은 소셜 미디어 플랫폼을 통해 자유롭게 완성도 높고 취향에 부합하는 콘텐츠를 선택하는 소비패턴을 나타내고 있다. 이용자들에게 국내 기업인지 해외 기업인지는 선택의 중요한 요소가 되지 않는 추세다.

따라서 최근 CJ ENM 콘텐츠의 넷플릭스 제공, YG엔터테인먼트에서 제작한 콘텐츠를 넷플릭스에 제공하는 움직임 등은

7 이민아, "스튜디오드래곤, 미스터선샤인 넷플릭스 판매 최소 287억", 《조선비즈》, 2018. 6. 22.

유튜브 등의 소셜미디어로 빠져나가는 미디어 이용자를 붙잡고 동시에 해외의 넷플릭스 이용자에게 콘텐츠를 소개할 수 있다는 점을 고려한 선택일 것이다.

현재 국내 문화산업 역시 빠르게 변화하는 미디어 생태계에 맞춰 생존전략을 구사하기 위해 고군분투하고 있고, 이용자는 좋은 콘텐츠를 찾아 미디어 생태계의 생리에 빠르게 적응하고 소비하고 있는 상황이다.

6장
미디어 속 아이돌

1.
민낯부터 일상생활 공개하기

연예인들이 리얼리티 프로그램을 통해 자신을 알리는 방식은 이미 오래되었다. 2000년대 들어 시작되었는데, 미디어 생태계의 변화, 이용자의 미디어 이용방식의 변화 등이 영향을 미쳤다고 볼 수 있다. 리얼리티 쇼는 일반인들의 출연, 재연이나 다큐멘터리 기법의 사용, 대본과 연출로부터의 탈피 등이 인기요인이라고 할 수 있다. 과거에는 결과물만을 볼 수 있었다면 리얼리티 프로그램 형식이 도입되면서 프로그램 기획과정, 촬영 후기, 더욱 현실적인 모습의 노출 등도 프로그램의 구성요소가 되었다.

특히 유명 연예인들이 등장하게 되면서 인물 등장과 인간관계도 노출하게 되었고, 친근감과 웃음을 줌과 동시에 시청자, 대중이 함께 감상할 수 있는 상황에 이르게 되었다. 카메라 바깥에 있는 제작진과 매니저들도 출연자들의 인간관계를 확장하는 요소로 설정된다. 사적 관계가 변주되는 버라이어티 프로그램을 채우는 것은 당연하게도 사적인 내용들이다. 출연자들은 자신의 비밀을 폭로하고 과거의 실수를 털어놓으며 말하지 않아도 될 약점을 공개한다. 이러한 과정을 통해 각자의 캐릭터를 구축하게 된다. 해외의 리얼리티 쇼에 비해 국내의 리얼리티 프로그램은 유명 연예인들의 사적인 생활을 보여주는 데 집중한다.

이희은(2011)은 이러한 리얼리티 쇼가 인기를 끄는 이유를 사회구조의 변화를 함께 분석하며 제시한다. 리얼리티 형식으로 소개되는 개인의 고통스러운 경험과 목소리는 문화적 도구성에 걸맞게 가공되고, 이렇게 형성되는 친밀감이 규격화되었다는 것이다. 개인의 상처와 치유에 관한 이야기가 주를 이루는데, 이러한 스토리는 경제적 문화상품으로 표준화되고 자전적 이야기는 특별한 의미를 부여받는 순간 규격화된다는 것이다. 따라서 토크쇼나 리얼리티 프로그램의 출연자들이 자신의 이야기를 털어놓으며 해방되는 것처럼 보이지만, 사실은 대중의 눈이라는 더 큰 권력에 복종하는 보수적인 성격이 되는 이유라는 것이다. 특히 방송에 노출되는 이야기들은 이중적 잣대에 노출된다는 것이다. 진정성과 가짜 이야기라는 두 개의 축에서 일어나는 논란을 시청자의 눈을 통해 판단 받게 된다는 것이다.[1]

1 이희은(2011), "텔레비전 버라이어티쇼의 사적인 이야기 서술", 《언론과 사회》 19(2),

미디어 콘텐츠의 제작 추세 변화는 사회구조의 변화와 밀접한 연관성을 지닌다. 대중의 관심과 공감을 이끌어내고, 관심사를 예능의 소재로 재구성해야 성공할 수 있기 때문이다. 리얼리티 프로그램에 대한 문제는 계속 언급되고 있지만, 미디어에 노출되는 출연자는 반드시 큰 성공을 얻는다는 공식이 자리 잡고 있기 때문에 출연자들은 리얼리티 프로그램에 계속 섭외 가능한 상황이 되었다.

또 한 가지 특징은 리얼리티 프로그램이 대중화되면서 음악산업의 주요 주체들도 대중의 관심이 높은 아이돌 가수가 출연하는 리얼리티 프로그램을 꾸준히 제작해왔다는 점이다. 시청률에 상관없이 아이돌 가수를 꾸준히 소비할 수 있는 콘텐츠를 시청자와 팬들에게 제공하는 것일 수 있고, 시청률이 높다면 더 많은 팬덤을 구축할 수 있는 효율적 수단이 될 수 있기 때문이다.

가수가 자신의 생활을 방송에 노출하거나 혹은 어떤 미션을 수행하는 과정 등 다채로운 콘셉트의 프로그램이 꾸준히 제작되어왔다. 2000년에 방송된 MBC 〈목표달성! 토요일〉, 〈god의 육아일기〉를 통해 가수 구성원 개개인의 인기와 인지도를 쌓을 수 있었던 프로그램이 되었다. god 멤버 구성원들이 아이를 돌보는 미션을 수행하는 생활을 방송으로 촬영했으며 당시 큰 인기

2-48쪽.

를 끌었다. 이후 아이돌 가수를 기획사에서 본격적으로 제작하는 시대에 들어서면서 미디어 콘텐츠를 활용하는 방식, 그리고 리얼리티 프로그램 형식의 프로그램으로 제작하는 것이 보편화되기에 이른다. MBC 에브리원 〈EXO's 쇼타임〉과 tvN 〈청담동 111〉, Mnet 〈2NE1 TV〉, 〈WINNER TV〉, 〈WIN〉, 〈블핑하우스〉, 〈프로듀스101〉을 통해 데뷔한 Wanna One의 리얼리티 프로그램 〈WANNAONE GO: ZERO BASE〉, 그리고 XtvN의 〈슈퍼TV〉, V라이브의 〈키워드#보아〉까지 숙소의 모습이나 일과를 방송에서 보여주고, 제작진으로부터 받은 미션을 수행하는 등 포맷 변화를 통해 시청자의 기호에 부합하는 프로그램을 꾸준히 제작 중이다.

이러한 리얼리티 형식의 프로그램은 사실 제작진의 편집권이 중요한 역할을 한다. 많은 시간 촬영한 영상을 짧은 시간 분량으로 편집해야 하며, 그러면서도 시청자에게 '현장감', '실시간'이라는 느낌을 전달해야 하기 때문이다. 하지만 이 과정에서 예측하지 못했던 대중의 비판에 서기도 한다. 2016년 온스타일에서 방영된 〈채널 AOA〉에서 아이돌 가수들이 역사 문제의 정답을 맞히지 못한 상황이 방송으로 노출되면서 대중의 큰 비판을 받았다. 2015년 11월 방송된 MBC의 인기 예능 프로그램 〈마이 리틀 텔레비전〉에 출연한 트와이스의 국기 노출이 문제가 되었다. 다국적 멤버들로 구성된 신인가수로 각자 출신 국가의 국기를 흔들며 자기소개를 하는 장면이 방송되었는데, 트와이스 멤버인 쯔위가 대만 국기를 들고 나온 것이 문제가 되었다. 대만을 독립국으로 인정하지 않는 중국의 네티즌이 트와이스 소속사인 JYP와 쯔위에게 사과를 요구하기에 이른다.

팬들은 미디어를 통해 자신이 응원하는 아이돌 가수의 모습을 보길 원한다. 아이돌 가수 역시 리얼리티 형식의 프로그램은 팬들의 관심을 꾸준히 받을 수 있는 중요한 수단이기 때문에 음악방송이나 콘서트 무대에서 내려와 생활하는 모습을 노출하는 것에 동의할 수밖에 없다. 결국 아이돌 가수들은 눈을 뜨면서부터 잠들기까지 개인생활을 갖기 어려운 상황에 놓인다. 시청자나 팬들도 앞서 논의했던 이중잣대로 팬심과 비평을 함께 노출하는 이중적 활동을 하게 된다. 아이돌 가수들은 민낯 노출과 숙소 공개, 예의바른 행동을 보여야 하며 실수는 용납되지 않는다.

아이돌 가수 간의 경쟁도 심화되면서 계속 지적되는 문제임에도 기획사와 아이돌 가수들은 팬들의 관심을 끌기 위해 다양한 리얼리티 포맷을 선보이고 있다. 최근 몇 년 사이에는 대형 기획사가 직접 프로그램을 제작하고, 포털이나 방송사는 플랫폼으로서의 역할을 하는 리얼리티 제작방식도 꾸준히 늘고 있다.

2.
뮤직비디오 속 아이돌

2000년대 중반 이후 아이돌 가수들이 해외에서 다시 인기를 끌면서 한류문화의 가능성과 함께 국내 문화의 해외로의 도약 가능성을 확인할 계기가 되었고, 한류문화 형성의 지형이 드라마에서 음악으로까지 확장되었다. 특히 케이팝을 주도하는 '아이돌(Idol)' 가수들은 생기 있고 발랄한 이미지와 함께 전문적인 퍼포먼스가 인기를 끌면서 해외시장으로 진출할 수 있었다. 또한 소셜미디어를 통해 이루어지는 정보생산과 정보유통이 대중문화현상에서 중요한 매개적 역할을 하게 된 이후 초국적 문화교류는 보편적 현상이 되었으며, 한류문화 역시 유튜브 같은 SNS를 통해 다양한 팬층을 형성하면서 문화 콘텐츠로서의 강력한 영향력을 지니게 되었다. 특히 아이돌 그룹이 한류문화의 중요한 축을 형성하게 되면서 유튜브를 통한 뮤직비디오 홍보는 아이돌 가수의 인기를 결정짓는 데 중요한 프로모션 수단이 되었다. 이러한 경향이 지속되면서 가수의 '음악성'보다는 눈에 띄는 화려함, 다양한 퍼포먼스가 인기를 결정짓는 중요한 요소가 되었다.

국내 아이돌 가수들의 음악적 특징은 오랜 연습생 생활을 거쳐 맞춰온 군무, 뛰어난 외모 그리고 문화적 차이, 언어 차이가 존재함에도 수용할 수 있을 만큼 쉬운 노래 가사와 반복 등이다. 아이돌 가수들이 출연하는 음악방송 혹은 국내외 공연에서도 반복되어왔지만, 음악적 완성도보다는 비주얼 퍼포먼스에 초점을 맞추고 있다.

하지만 현재 미디어에서 재현되는 아이돌 가수들의 이미지는 몸 담론을 중심으로 형성되고 있으며, 일정 정도 획일화된 성(性)적 이미지가 구축되고 있다는 점이다. 아이돌 가수들을 중심으로 형성되는 담론은 음악적 재능이나 가창력보다는 신체 일부를 부각시키거나 몸을 활용하는 퍼포먼스가 주를 이루고 있기 때문이다. 따뜻하고 자상한 남성, 순종적이고 아름다운 외모를 지닌 여성의 이미지로 구축되었던 한류 속의 젠더 스테레오타입은 이제 아이돌 그룹이 형성하는 이미지로 변화하고 있다. 이러한 경향은 유튜브 등의 채널을 적극적으로 활용할 수 있는 뮤직비디오가 중요한 역할을 하게 되면서 더욱 두드러지고 있다. 최근에는 공식적인 미디어 채널의 홍보방식뿐만 아니라 인터넷 이용자의 자발적 문화공유로 한류 관련 콘텐츠 교류가 활발하게 이루어지면서 글로벌한 공식적 · 비공식적 판로를 형성하게 되었다. 이처럼 글로벌한 문화교류 채널이 형성될 수 있었던 요인은 유튜브, 페이스북 등 소셜미디어의 대중화라는 미디어 환경 구축과 아시아 국가를 중심으로 인기를 끌었던 비주얼 중심의 아이돌 가수들의 음악적 색깔과 음악활동이 맞물리면서 더욱 주목받게 되었다. 따라서 한류문화의 전 세계적 보급에는 소셜미디어 중심의 미디어 환경, 글로벌한 문화교류, 그리고 초국적 문화교류 환경에 놓여 있는 수용자 혹은 팬들의 문화소비패턴 변화 등이 주요한 요인이 되었다고 할 수 있다.

그럼에도 한류문화 속 젠더 이미지는 스테레오타입을 벗어나지 못한다는 비판을 받고 있기도 하다. 초국적 문화교류 과정에서 형성되는 문화적 구성물로서의 한류로 바라보기보다는 일본의 애니메이션에서 봐온 아시아 여성의 이미지 혹은 아이돌 그룹의 외모에만 집중한다는 것이다. 이는 서구사회에서 소구하기 쉬운 오리엔털리즘적 젠더 이미지, 그리고 아시아 지역에서 형성된 '미', '아름다운 몸'에 맞춤으로써 자본주의 사회에서 요구하는 '관리되어야 할 몸'으로 담론을 형성하는 데 영향을 미친다.

글로벌 가수라 불리는 가수 싸이의 뮤직비디오에서도 기존 아이돌 그룹의 음악활동에서 드러난 젠더 이미지의 고착화 방식, 즉 여성을 성적으로 대상화하는 방식이 그대로 지속된다.

2012년 발표된 〈강남스타일〉, 2013년 발표된 〈젠틀맨〉의 뮤직비디오는 가수 싸이를 전 세계에 알리게 된 중요한 도구이기도 한데, 뮤직비디오에서 재현되는 젠더 이미지 역시 비판적 논란을 일으켰다.[2] 그럼에도 싸이의 뮤직비디오가 유튜브에서 뜨거운 반응을 얻게 되면서 케이팝에서 재현되는 젠더 이미지는 더욱 획일화되는 현상이 나타나고 있다. 일례로 〈강남스타일〉과 〈잰틀맨〉의 뮤직비디오가 큰 인기를 끌었던 당시, 케이팝 음악의 뮤직비디오, 무대 위의 퍼포먼스 역시 젊은 남녀의 몸을 노골적으로 드러내거나 성적 행위를 묘사하는 방식에 더욱 집중되고 있다. 당시 새로운 음반 발매와 함께 등장하는 뮤직비디오는 심의 결과가 19세를 면하는지[3] 여부가 관심사인 것 역시 아이돌 가수들의 음악 퍼포먼스와 특징을 상징적으로 보여주는 사례이기도 하다.

현재 국내 아이돌 그룹들은 해마다 셀 수도 없이 등장하고 있다. 따라서 아이돌이 케이팝의 선두주자로 알려져 있기는 하지만, 실제로 해외에서 관심을 받고 넓은 팬층을 확보하고 있는 아이돌 그룹의 수는 많지 않다. 이에 따라 국내외 아이돌 그룹 간의 경쟁은 매우 치열한데, 최근 유튜브 등의 소셜미디어 채널 등

2 정희준, "싸이의 '포르노 한류', 자랑스럽습니까?", 《프레시안》, 2013. 4. 18.

3 김동주, "효민 나이스바디 뮤비, 19세 버전은 따로 있다?", 《파이낸셜뉴스》, 2014. 6. 30.

을 통해 '우연히' 인기를 끄는 그룹들이 종종 사회에서 주목을 받게 되면서 뮤직비디오의 이미지를 통해 그룹을 알리려는 방식이 두드러지게 나타나고 있다. 걸그룹의 경우, 신체 부위의 노출이나 선정적 춤 등을 중점적으로 이미지화하면서 대중의 관심을 끌려는 전략이 주를 이루고 있는 것이다. 아이돌 걸그룹의 '선정성'에 대한 문제는 꾸준히 지적되고 있지만, 음악적 색깔에서 '선정성'만큼 대중의 관심을 빨리, 쉽게 끌 수 있는 방법이 없으므로 계속 반복되고 있다. 실제로 2014년에 데뷔했거나 새로 음반을 낸 걸그룹의 대부분이 뮤직비디오 속에서 선정적 춤을 추는 모습만 집중적으로 보여지는 것을 비판하는 기사도 많았다.[4]

물론 여기에서 선정성에 대한 심의나 규율에 대한 논의를 하려는 것은 아니다. 케이팝의 주류라고 할 수 있는 걸그룹들이 대부분 '선정성'이라는 틀을 주로 내놓으며 대중의 관심을 끌 수밖에 없는 구조적 문제와 특징 등을 살펴보고자 하려는 것이다. 또한 젠더의 이미지, 음악이라는 문화장르를 통해 대중에게 각인되는 방식, 걸그룹의 이미지를 알리는 방식이 '선정성' 중심이라는 것이 갖는 사회적 의미들을 좀 더 세밀하게 살펴보고자 한다.

케이팝이 젠더 이미지와 결합하면서 어떠한 방식의 언어로

4 박미애, "걸그룹 선정성, 어디까지… 섹시 춤에 이어 제목까지", 《이데일리》, 2014. 12. 17.

표상되는가를 논의하고자 하는 것이며, 대중과 소통하는 방식에서도 이러한 섹슈얼리티가 부각되는 언어적 표상방식이 주를 이루고 있는 이유들을 논의하려고 한다.

대부분의 걸그룹들은 음악적 실력보다는 뮤직비디오 속 이미지, 노래 가사, 춤, 의상 등을 통해 팬들에게 자신의 음악 색깔을 알리는 데 주력한다. 본격적으로 뮤직비디오를 통해 케이팝 가수의 대중적 팬층 확보 방식이 성공하게 된 것은 2010년대 이후부터라고 볼 수 있다. 기존에 박지윤의 〈성인식〉(2000)이 독보적인 방식으로 '섹슈얼리티'를 부각시키며 뮤직비디오를 제작했고, 소녀의 청순한 이미지를 중점적으로 나타냈던 걸그룹은 2009년 브라운아이드걸스의 〈아브라카다브라〉 뮤직비디오에서 선정적인 춤과 이미지를 선보이면서 대중적 인기를 얻는 데 성공했다. 이후 많은 걸그룹들이 이러한 방식을 따르게 되면서 선정적인 뮤직비디오를 선보이며 주목을 끄는 방식이 현재까지 이어지고 있다.

최근의 걸그룹들은 몸매를 강조하는 일본식 교복 의상을 메인 테마로 데뷔하는 경우가 많고, 전반적으로 짧은 의상과 몸의 움직임이나 선을 강조하는 안무를 선보이고 있다. 시작은 걸그룹 원더걸스와 소녀시대였으며, 이후 의상이나 가사에서 성애적

코드를 점점 더 전면에 내세우고 있는 추세다.[5]

2016년 1월 방송된 Mnet의 〈프로듀스101〉은 아이돌 걸그룹의 일상적 소비를 구축하는 데 큰 역할을 했다고 볼 수 있다. 아이돌 연습생 101명을 전면에 내세우고 시청자의 선택에 따라 걸그룹 데뷔를 가능하게 하는 오디션 프로그램이었는데, 시청자를 걸그룹의 팬으로 유입시키는 데 큰 역할을 했다. 특히 걸그룹의 이미지가 성애적 방식으로 구축되는 것과 더불어 '소녀'들이 성인이 되어가는 과정의 성애적 방식을 '연습생'이 '걸그룹'으로 데뷔하는 과정과 오버랩시키면서, 사회 속에서 실재하는 여성들과 남성의 욕망을 위해 구성된 이미지를 완성하는 데 미디어가 어떻게 개입할 수 있는가를 가장 성공적으로 구성한 프로그램이었기 때문이다.

특히 걸그룹의 이미지 구축과 지속적 이미지 소비를 가능하게 만드는 것이 바로 뮤직비디오다. 교복을 입은 소녀의 이미지나 섹슈얼리티를 강조하는 이미지로 만들어지는 두 가지 전략을 취하는 방식은 여전히 유지되고 있다. 특히 언론에서 인기 걸그룹이라는 것을 증명하는 방식은 유튜브의 뮤직비디오 조회 수다. 트와이스는 유튜브에서 뮤직비디오 조회 수가 3억 5천만 뷰

5 김수아(2011), "걸그룹 전성시대 당신이 상상하는 것들", 이동연 엮음, 《아이돌》, 이매진, 218-237쪽.

를 넘었고,[6] 가수 싸이와 방탄소년단 등의 유튜브 '1억 뷰 돌파'[7]는 케이팝의 인기를 증명하는 척도로 활용되고 있는 추세다.

뮤직비디오, 음악방송, 예능과 드라마, 그리고 오디션 프로그램 등 다양한 장르를 통해 이미지가 재생산되면서 광고 속 이미지로도 확장되고 있다. 하지만 그와 더불어 획일화된 이미지로만 계속 생산되는 방식의 틀이 더욱 확고해지고 있다는 문제점 역시 논쟁의 핵심에 서 있다.

월터스는 "여성은 이미지 자체로 드러나는 것이 아니라 이미지로, 그리고 이미지를 통해 구상되며 사회 속에서 실재하는 여성들과 남성의 욕망을 위해 구성된 이미지로서의 여성, 즉 성적인 볼거리로서의 여성을 분리하고 있다"고 말한다. 아네트 쿤(A. Kunn, 1979)은 성적 볼거리로서 여성 이미지를 "살아있는 인형"이라는 표현으로 개념화하기도 했다. 이렇게 성애화된 여성 이미지는 날씬한 몸에 관한 사회적 담론과 맞물리기도 한다. 아름다움이라는 가치는 성애적 요소와 관련된다. 몸무게, 키, 눈의 생김새, 얼굴과 신체의 비율 등이 천편일률적인 아름다움으로 제시되고 있는데, 이것은 주로 남성의 관심을 끌기 위해 이용

6 백승기, "트와이스, 'TT' 뮤직비디오 3억 5,000만 뷰 돌파 '한국 여성 아티스트로 최초'", 《머니투데이방송》, 2018. 5. 2.

7 장영, "'방탄소년단' 3집 앨범 빌보드 200 1위, 새로운 역사를 썼다", 《미디어스》, 2018. 5. 28.

되고, 이 과정에서 남성들은 여성의 몸 이미지를 평가하거나 관음적으로 소비할 자유를 얻는다는 것이다. 수전 보르도(S. Bordo, 1993)에 의하면, 여성의 존재는 몸으로 설명되고 일상적 규제 속에서 지배적 자아, 욕망과 여성성, 남성성이 형성된다.[8] 따라서 아름다운 몸을 만들고 전시하는 것은 주로 여성에게 더욱 가혹하게 적용되는 규칙이다. 위키즈와 쿤터(2005)의 논의처럼 이러한 욕망의 대상이자 전시의 대상이 되는 몸의 이미지들은 현실 속의 여성들 다수와는 동떨어진 도달할 수 없는 몸이지만, 상업적 소비주의에 따라 생겨난 불가능한 완벽함에 관련된 이미지인 경우가 많다. 이러한 이미지는 미디어와 결합하면서 뮤직비디오 같은 압축적 이미지로 구축되어 대상화된 몸을 가장 드라마틱하고 극적으로 구성하는 데 성공한다.[9]

걸그룹 팬덤에는 남성뿐만 아니라 여성도 다수 포함되어 있다. 아이돌이라는 단어의 어원처럼 자신의 '우상'으로서 걸그룹을 대상화하고 있으며, 팬 커뮤니티 실천과정에서 획일화된 젠더 이미지를 넘어서는 다양한 활동을 보여주기도 한다. 그럼에도 뮤직비디오 속 걸그룹의 이미지를 다양화시키기보다는 불가

8 수전 보르도(2003), 《참을 수 없는 몸의 무거움》, 박오복 옮김, 또하나의 문화. 참고.

9 이종임(2016), "한류문화에서 재현되는 여성/담론: 케이팝 아이돌 걸그룹의 뮤직비디오 속 이미지를 중심으로", 《인문사회 21》 7(6), 413-430쪽.

능에 가까운 이미지를 유지하는 데 팬 커뮤니티의 활동이 여전히 중요한 근거가 된다는 점에서 좀 더 다양한 차원에서의 논의가 이루어져야 할 것이다.

3.
아이돌과 아이돌 연습생

인기 아이돌 가수들의 미디어 노출 빈도가 높을수록 아이돌 가수를 우상으로 생각하는 10대도 점차 늘어난다. 아이돌 가수의 팬층은 연령대가 다양하지만, 10대는 조금 다른 시각에서 아이돌 가수를 바라본다. 그들을 유명 연예인으로 바라보기보다 자신의 꿈이자 미래의 직업군으로 생각한다. 빠르게는 초등학교 시절부터 준비했다고 알려진 아이돌 가수들의 데뷔 과정은 같은 꿈을 꾸는 청소년들에게 미래를 준비하기 위한 중요한 지침서 역할을 한다.

또한 아이돌 가수가 10대에게 중요한 이유는 아이돌 가수를 상징하는 군무가 10대에게 하나의 놀이문화로 자리 잡았기 때문이다. 학교 축제에서나 혹은 친구들과 춤과 노래를 즐기는 것이 10대의 현재 모습이다. 아이돌 그룹의 노래와 춤이 동시대 문화로 향유된다는 점, 아이돌 가수들의 해외 공연과 글로벌 팬덤 등의 정보를 다양한 미디어 플랫폼을 통해 일상적으로 접할 수 있다는 점 등은 10대가 아이돌 가수를 꿈꾸는 중요한 근거이자 동기가 된다. 그리고 그들은 아이돌 가수를 사랑하고 지지하는 팬에 머무르는 것이 아니라 아이돌 가수가 되기 위해 직접 오디션 현장에 뛰어든다. 그런 청소년들의 수는 미디어를 통해 드러난 것만 해도 놀라울 정도로 많다. 가수를 선발하는 오디션 프로그램으로 큰 화제성을 몰고다녔던 프로그램은 Mnet의 〈슈퍼스타K〉, SBS의 〈K팝스타〉다. 그리고 이 프로그램에 출연한 10대 지원자들의 수는 시즌이 바뀔 때마다 늘어났다. 〈슈퍼스타K〉의 2015년 경쟁률은 174만 대 1이었다. 〈슈퍼스타K〉는 2009년부터, 〈K팝스타〉는 2011년부터 방송되었는데, 두 개의 오디션 프로그램은 현재 모두 종영되었다. 처음 방송되었을 당시에 비해 오디션 프로그램에 대한 대중의 관심이 눈에 띄게 줄었음에도 10대 지원자들은 오히려 늘어나는 추세다.

그리고 아이돌 가수 데뷔 과정을 집중적으로 보여준 프로그램이 2016년 방송된 Mnet의 〈프로듀스101〉이다. 기획사 소속 아이돌 연습생 101명의 서바이벌 오디션 프로그램으로 베일에 가려져 있던 아이돌 가수의 데뷔 과정을 입체적이고 드라마틱한 구성으로 보여주었다. 〈프로듀스101〉에 출연해 최종 11명의 순위에 든 걸그룹 '구구단'의 멤버 김세정은 한 방송에 출연해 아이돌 연습생이 될 수 있었던 노하우를 설명하기도 했다. 가수가 되기 전 기획사 20개를 골라 기획사마다 오디션을 어떻게 보는지, 또한 무엇을 중점적으로 보는지 적어서 준비했다는 것이다.[10] 이제 기획사 중심의 아이돌 가수 육성 시스템에 도전하지 않고서는 아이돌 가수가 되는 것이 불가능해졌다. 기획사의 오디션 준비는 대학입시를 준비하는 것과 비슷하다. 걸그룹의 한 멤버는 아이돌 가수가 되는 과정의 험난함을 일컬어 '아이돌 고시'라고 설명했다.

결국 아이돌 가수가 케이팝 열풍을 일으키며 한국의 문화산업에서 중요한 위치를 차지하게 되면서 '우연'보다는 '기획'하에 멤버를 선발하고 트레이닝시키는 기획사의 역할이 매우 중요해졌다. 아이돌 가수가 되기 위해서는 기획사 오디션을 통과해야 연습생이 되고, 연습생이 되어야 아이돌 가수가 될 수 있는 준비과정에 동참할 수 있게 되었다. 실제로 오디션 준비 학원이나 학원형 기획사도 많이 늘어났다.

10대의 이러한 움직임은 대학입시 위주의 교육시스템에도 영향을 미쳤다. 이르면 초등학생부터 기획사 오디션을 준비하는 사교육시장을 형성했다. 기획사 오디션이라는 치열한 경쟁 과정

10 장영준, "'1대100' 김세정, 데뷔 전 20여개 기획사 철저히 뒷조사", 《헤럴드경제》, 2017. 1. 3.

에서 우위를 점하기 위해서는 노래, 댄스, 악기 연주 등의 실력을 갖춰야 하기 때문이다. 또한 최근에는 아이돌 가수들이 좁은 국내 음반시장과 짧은 활동 기간을 고려해 드라마, 영화, 뮤지컬 분야에 진출하는 경향이 있어 이를 대비해 연기도 함께 준비하는 경우가 많다.

대학 입학이라는 의례적 과정을 거치지 않고 직접 현장에서 활동하는 직업인으로서 아이돌 가수를 선택하는 10대가 더욱 늘어나고 있다. 대학 입학이 취업이나 미래를 보장해주지 않는다는 것을 이미 학습했기 때문일지도 모른다. 그러나 대학 입시를 선택하지 않았다고 해서 사교육으로부터 자유롭지는 않다. 또 다른 분야의 선행학습과 오디션을 준비하기 위해 사교육을 받아야 하기 때문이다. 경기 침체의 장기화로 대학 졸업 후 취업이 불투명해지면서 자신이 원하는 분야에서 직업인으로 성공할 수 있는 방법을 선택하는 10대가 증가하고 있다.

이렇게 아이돌 가수 준비를 하는 10대가 눈에 띄게 늘어난 만큼 아이돌 가수 팬덤이 성장하는 문제도 논의해야 한다. 팬들은 아이돌 가수들의 노동 환경과 인권침해 문제를 지적하기도 하고, 기획사의 문제적 행보를 비판하기도 한다. 더 나아가 아이돌 스타의 이름으로 사회봉사 활동을 이어가기도 한다. 팬덤의 적극적 개입에서도 알 수 있듯이 아이돌 가수의 힘은 더욱 커지고 있지만, 아이돌 가수가 겪는 문제는 큰 변화가 없다는 점이 아이러니하다.

2016년 한국콘텐츠진흥원의 〈한국대중문화예술산업 실태 보고서〉에 따르면, 전체 연예기획사 1,393개 중 아이돌 연습생을 보유한 회사는 18.2%(251개)인데, 그중 66.8%(168개)가 연습생과 계약을 맺고 있었고 나머지는 무계약 상태였다. 계약 기간은 평균 3년 5개월, 5년 이상 장기계약 비율은 41.4%였고, 연습생 중 미성년자 비율은 28.9%이며, 조사 대상이던 1,200명의 계약 연습생 중 9세 이하가 10명, 10~12세 아동도 23명 포함되어 있었다.

최근 몇 년 사이 대부분 미성년자인 아이돌 연습생들이 기획사에 소속되어 데뷔 준비를 하면서 겪는 문제를 고발하는 프로그램이 제작되었다. 이미 신문 지면을 통해 아이돌 가수 육성 과정에서 나타나는 문제와 데뷔조차 하지 못하는 연습생들의 어려운 상황이 여러 번 소개되었다. 그중 이 문제를 집중적으로 보도한 프로그램은 2016년 4월 19일 방송된 MBC 〈PD수첩〉이다. "아이돌 전성시대, 연습생의 눈물"이라는 제목으로 기약 없는 연습생 생활로 정신적 고통을 겪고 있는 사람들과 아이돌 중심의 문화산업 시스템의 문제 등을 다뤘다. 이와 함께 2012년 제작되어 2014년 개봉한 다큐멘터리 〈나인뮤지스: 그녀들의 서바이벌〉은 나인뮤지스라는 걸그룹의 삶을 통해 기획사의 아이돌 육성 시스템 문제와 연습생 생활의 어려움 등을 대중에게 전했다.

기획사에서 관리하고 있는 아이돌 연습생들의 삶을 들여다보고, 한류산업의 수익 중심 산업육성정책으로 수많은 기획사가 신설되었지만, 기획력 없는 기획사에 노출된 10대의 현실적 문제, 아이돌 산업이 어떤 방식으로 육성되고 있는지에 대한 문제적 상황도 함께 논의해야 함을 보여준다. 10대는 부당한 처우를 당해도 외부에 도움을 요청하기 어렵고, 자신의 데뷔를 결정짓는 기획사 관계자들과 동등한 입장에서 문제를 비판하거나 자신의 요구사항을 전달하기 어렵기 때문이다.

그럼에도 아이돌 연습생들을 대상으로 한 오디션 프로그램은 계속 방송에서 제작되고 있다. YG엔터테인먼트는 〈YG보석함〉이라는 타이틀로 네이버의 V라이브와 유튜브 채널을 통해 10부작으로 2018년 11월 7일 방송을 시작했고, MBC는 14부작으로 제작할 〈언더나인틴〉을 2018년 11월 3일 방송을 시작했다. 다양한 재능을 지닌 아이돌 연습생들의 엄청난 경쟁 과정이 방송과 유튜브 등의 채널을 통해 방송될 것이다.

현대사회에서 '경쟁'은 그 누구도 피할 수 없다. 아이돌이 되기 위해 경쟁에 뛰어든 아이돌 연습생들은 아이돌 가수가 되기 위한 눈물겨운 과정을 온몸으로 체험하고 있고, 시청자는 그들의 노력에 공감하기 때문에 투표에 참여하고 팬을 자처하게 된다. 그러므로 우리가 여기서 논의해야 하는 것은 '경쟁'을 피하자거나 무조건 비판하자는 것이 아니다. '아이돌 연습생들에게 사회의 경쟁 기준을 어떤 방식으로 학습하게 할 것이냐'는 문제를 논의하자는 것이다. 기획사라는 시스템의 운영, 아이돌 가수들의 육성과정, 계약방식의 문제 등이 드라마틱한 리얼리티 쇼나 화려한 무대로 대체할 수 없지만 계속 반복되는 지금의 시스템을 바꿔보자는 것이다.

7장
문화산업에서 수행되는 노동과 노동의 가치

1.
문화산업에서 수행되는 청년 노동

사전적 정의에 따르면 잉여(剩餘)는 '쓰고 난 후 남은 것'이다. 오늘날 '잉여'란 전체의 관점에서 불필요한 것(useless)으로 여겨지는 체계의 부분이다. 따라서 잉여는 체계에 의해 주변화되기보다는 오히려 부정된다. 부차적인 것으로도 취급되지 못하는 것이 바로 잉여다. 잉여는 주변과도 다르고 부분과도 다르다. 어쩌면 지금 대중적으로 사용되는 '잉여'라는 단어 안에는 '냉소'의 뜻이 더 보태진 듯하다. '잉여'가 '세대'와 결합하여 청년세대를 설명하는 또 다른 용어로 등장했는데, 문제는 청년세대가 스스로를 '잉여'라 지칭한다는 것이다. 그들은 그 어디에서도 자신의 욕구와 꿈을 실현할 수 없다는 것을 (무의식적 · 의식적으로) 알고 있기 때문이다.

지금의 청년세대에게 잉여는 이중적 성격을 지닌다. 스스로를 '잉여인간'이라 지칭하며 디지털 공간의 다양한 문화를 생산하고 소비하는 즐거움을 느끼는 '잉여짓'으로서의 의미와 타인으로부터, 사회로부터, 기성세대로부터 잉여인간이라고 비난받는 것에서 느끼는 분노가 그것이다.

'잉여'는 '루저'와 구분된다. 루저는 경쟁에서 낙오된 자들을 뜻하지만, 잉여는 실패 자체도 불가한 사람들을 일컫는다. 외환위기 이후 한국사회에서 청년세대가 느끼는 졸업과 취업을 동시에 가질 수 있는 삶은 완벽한 자기소개서를 쓸 수 있는 스펙을 갖춰야 가능하다. 이러한 상황을 리처드 세넷(Richard Sennett)은 "새로운 자본주의가 노동유연화를 비롯한 수많은 기제를 통해 삶의 불확실성을 증폭시켰다"고 진단한다. 현대는 '서사적 삶(narrative life)' 자체가 파괴되어버린 시대라는 것이다.[1]

문제는 사회구조적 문제가 개인이 해결해야 하는 문제로 인식되면서 구체적인 대안을 찾기가 더욱 어려워지고 있다는 것이다. 경쟁구조에서 살아남기 위해 갖춰야 하는 조건은 점점 더 늘어나고 불황의 출구가 보이지 않는 상황에서 청년세대는 서로의 감정을 공유하며 자신들의 상황을 이해하는 것과 함께 사회에

1 리처드 세넷(2009),《뉴캐피탈리즘: 표류하는 개인과 소멸하는 열정》, 유병선 옮김, 위즈덤하우스 참고.

대한 냉소로 '잉여'를 자신을 드러내는 자신들만의 언어로 사용한다.

지그문트 바우만(Zygmunt Bauman)은 전 지구화로 인해 등장한 '잉여'의 문제들을 비판적으로 분석한다. '실업(unemployment)'의 접두사 'un', '건강하지 못한(unhealthy)' 등의 'un'이 정상에서 벗어난 상태를 암시하고 있는 반면 '잉여'라는 개념에는 그러한 의미가 전혀 들어 있지 않다는 것이다. 어떤 비정상적인 상태, 이상한 것, 잠깐 건강하지 않게 된 것 등의 의미와는 전혀 무관한 것이다. '잉여'는 그러한 상태가 영원할 뿐만 아니라 그러한 상태가 일상적이라는 것을 암시한다. 이 개념의 조건은 기존의 개념으로는 어떠한 반의어도 찾을 수 없다는 것이다. 그리고 '잉여'라고 선언된 사람들은 실제로는 돈 문제의 일환으로 취급되곤 한다.[2] 스스로를 '잉여'라 부르는 청년세대가 느끼는 불안감은 기성세대와 가장 극명하게 다른 정서적 경험일 것이다. 잉여가 자존심과 인생의 목표 상실을 수반하는 '사회적 홈리스 상태'를 알리는 신호일지도 모른다는 느낌, 혹은 아직은 아니지만 언젠가는 그것이 운명이 될지도 모른다는 불안감이 바로 그것이다.

이 불안감은 이제 현실로 드러나고 있다. 바우만 역시 이러

2 Zygmunt Bauman(2004), *Wasted lives : modernity and its outcasts*, Polity Press, 정일준 옮김(2008), 《쓰레기가 되는 삶들: 모더니티와 그 추방자들》, 새물결, 33-35쪽.

한 현실에 대해 우울한 전망을 내놓고 있다. 과거 생산자 사회에서는 아무리 실업자들이 불쌍하고 비참하더라도 사회에서 그들의 자리는 의심할 바 없이 확고했다. 필요할 때 언제든 투입될 수 있는 강력한 예비군의 필요성은 모두 인정하고 있었다. 그러나 소비자 사회에서 미완의 소비자는 확신을 가질 수 없다. 이들이 확신할 수 있는 단 한 가지는 지금 이 사회에서 벌어지고 있는 유일한 경쟁게임에서 탈락하면 더 이상 선수로 뛸 수 없으며 더 이상 필요하지 않게 된다는 것이다. 소비자 사회에는 흠이 있고, 불완전하고, 미완인 소비자를 위한 자리는 없기 때문이다.

대중문화산업에서도 청년세대의 유입이 대거 이루어지고 있지만, 스스로 경제적 주체로 살아남을 수 있는 청년들은 많지 않다. 아이돌 가수활동을 하고 있는 그룹 멤버들의 나이는 연습생부터 포함하면 10대부터 20대까지 주를 이룬다. 사회제도적 적응의 기간을 학습하기보다는 스스로 현장에서 몸으로 부딪히고 학습하는 방식, 적자생존의 방식을 10대부터 경험하고 있다. 또한 '오디션 프로그램'이라는 거대 미디어산업의 부분으로 유입되는 삶이 자신의 정체성을 결정짓는 데 중요한 역할을 하게 되면서 스스로 알아서 생존해야 하는 상황이다. 하지만 10대의 엔터테인먼트 생산 주체로서의 참여는 제도적 보완이나 도움을 완전히 배제한 환경에 놓여 있는 것은 아닌지도 이제는 살펴봐야 한다.

문화상품에 대한 프랑크푸르트학파의 비판은 주체적 성찰의 상실에 대한 것이었다. 문화상품의 속성이란 제작자에게는 민첩성과 관찰력, 그리고 상당한 사전지식을 요구하지만 관객에게는 적극적인 사유를 빼앗고 긴장만 줄 뿐 상상을 위한 공간은 박탈한다는 것이다. "관중은 자동 반응하는 기계일 뿐"[3]이라는 프랑크푸르트학파의 주장은 어쩌면 현재 문화산업의 구조와 대중/이용자/팬덤의 반응에 적용하기에 한계가 있을 수 있다. 왜냐하면 지금의 팬덤은 훨씬 적극적이고 주체적인 방식으로 문화를 향유하고 있기 때문이다. 하지만 아이돌 가수의 육성방식이나 아이돌 가수의 활동 수행방식은 여전히 문제적이며, 대중은 구체적인 변화를 요구하기 쉽지 않다는 것이 문화산업 구조의 상업적 특징이라는 점에서 문화향유와 아이돌 문화의 생산 방식이 과연 '주체적 성찰/주체적 소비'와 직결될 수 있는 문화산업의 기반인가에 대해서는 다시 한번 질문해야 할 것이다.

3 유승호(2018), "문화산업의 가치적 전환", 《인문콘텐츠》 49, 9-42쪽.

2.
아이돌 문화에 주목해야 하는 이유

틴탑의 멤버 창조는 한 언론사와의 인터뷰에서 아이돌 활동을 하는 동안 정서적 어려움을 겪었다는 이야기를 털어놓았다.[4] 연습생 시절 숙소생활의 어려움이나 연습과정에서 혹독한 질책으로 인해 겪었던 정서적 어려움, 다이어트 등 아이돌 가수들이 겪는 어려움은 대부분 비슷한 키워드로 정리할 수 있었다. 다이어트와 몸무게 관리는 데뷔를 준비하는 10대 남자들도 겪는 문제다. 이렇게 힘들게 자신을 채찍질하며 앞만 보고 달려온 것이 아이돌 데뷔의 순간이지만, 그 이후에도 경쟁은 사라지지 않고,

4 박아름, "틴탑 창조, 데뷔 후 조울증 겪어… 외모 콤플렉스 있다", 《헤럴드POP》, 2016. 11. 16.

대중에게 모든 것이 노출되는 힘든 순간이 일상생활이 된다. 더 이스트라이트 멤버였던 이석철, 이승현 형제는 트레이닝 과정에서 소속사로부터 폭력을 고발하는 인터뷰를 하기도 했다. 2018년인 지금도 10대 미성년자들을 대상으로 트레이닝이라는 명목으로 폭력을 행사한 사례가 언론을 통해 고발되었다.[5]

아이돌 소속사들은 사생활을 이유로 소속사 내의 트레이닝 방법이나 계약관계 등을 공개하지 않고 있다. 심지어 소속사 연습생들의 데뷔 과정도 방송사와 미리 계약한 전제에서만 공개한다. 결국 연습생들이 어떤 상황에서 숙소생활을 하고 있는지, 학교생활의 병행은 가능한지, 트레이닝 과정에서 겪는 문제는 어떤 사례들이 있는지 밝힐 수 없다. 대부분 연습생 개인의 문제, 아이돌 가수 개인의 문제로 돌리면서 기획사의 책임은 찾아보기 어렵다.

대중문화산업에서 활동하는 아이돌 그룹의 모든 노동은 기획사의 자본축적에 기여하며, 공연활동 및 음악을 위해 창조적 노동을 행하고, 이미지 창출을 위한 감정노동을 행한다. 원용진 · 김지만(2012)은 '감정노동(emotion work)'을 "감정작업의 능력을 특정한 목적으로 사용하도록 극대화하는 과정"이라고 표현한

5 이예은(2018), "'연중' 더 이스트라이트 이승현 피해 ing… 김창환 "너네끼리 잘해봐"", 녹취록 공개 [夜TV], 《마이데일리》, 2018. 10. 27.

다. 팬층에 의해 실질적 인지도가 결정되는 아이돌 그룹은 '감정 노동'이라는 특수한 과정이 연습생 과정뿐만 아니라 데뷔 후에도 지속된다고 말하고 있다.[6] 현재 한국 문화자본의 모습은 균형 있는 유통체계가 존재하지 않고 그 주변을 감싸고 있는 제도적 환경이 투명하지 않다는 사실에서 오는 제도적 환경의 결과가 근본적인 문제라는 것을 알 수 있다. 투명하지 않은 아이돌의 생활과 기획사의 입장은 아이돌 문화, 아이돌 산업에서 균형 있는 유통체계가 존재하지 않는다는 것을 보여준다. 기획사는 경쟁을 통해 아이돌 그룹에게 계약된 노동량보다 더 많은 노동량을 제공받고 있기 때문이다.

한국 케이팝이 기획사 중심 그리고 미디어의 재현방식이 중요한 역할을 하면서 연습생 개개인의 생활, 수익성 중심의 아이돌의 무리한 스케줄 등은 달라져야 하는 시대가 되었다. 고통을 참고 인내하는 것만이 능사가 아닌 시대다. 하지만 여전히 아이돌 산업에서는 경쟁에서 살아남는 자만을 주목한다. 청소년 지원자들이 많은 아이돌 산업이 지닌 특징을 고려해본다면, 청소년들이 일찍부터 사회생활을 하면서 겪게 되는 경쟁 담론, 그리고 살아남아야 한다는 상황에만 몰려 건강한 20대를 맞이하기

6 원용진 · 김지만(2012), "사회적 장치로서의 아이돌 현상", 《대중서사연구》 18(2), 319-361쪽.

어려울 수도 있기 때문이다.

아이돌 가수를 준비하는 연습생들의 일상생활은 한국사회의 경제적 구조와도 밀접한 관련이 있다. 아이돌 양성 과정이 갖는 다양한 사회문화적 함의들을 살펴보는 것은 매우 중요한 문제이며, 문화연구, 문화산업, 문화제도적 측면에서 연구가 지속되어야 하는 이유이기도 하다.

OUTRO
나가며

문화산업에서 아이돌 가수의 영향력은 점차 커지고 있다. 플랫폼이 이용자의 요구에 부합하는 콘텐츠를 제공하는데, 음악 콘텐츠는 음악과 영상을 동시에 제공할 수 있고, 팬덤을 형성하는 데도 그 어느 때보다 빠른 인적 네트워크를 구축하기 쉽기 때문이다. 대중의 미디어 라이프스타일의 변화는 팬덤의 영향력과 활동, 아이돌 가수의 글로벌시장 진출을 가능하게 하고 있다. 이미 전조는 2012년 가수 싸이의 미국시장 진출과 전 세계 주요 방송사에 출연한 것에서 시작되었다고 볼 수 있다. 유튜브에 올린 뮤직비디오가 큰 반향을 일으킨 사례는 우연이기도 하지만, 모바일 중심의 소셜미디어 플랫폼을 이용할 수 있는 환경은 대부분의 이용자가 경험하고 있다.

하지만 여기서 주목해야 할 것은 글로벌 팬덤을 형성한 아이돌 가수의 성공과 한글, 대한민국을 알리는 데 한류문화가 큰 영향을 미치는 것과 동시에 아이돌 가수의 육성방식에 대한 고민도 함께해야 한다는 점이다.

아이돌 가수는 10대 시절, 즉 스스로 법적 · 제도적 필요를 요구하기 어려운 시기에 사회활동을 시작한다. 기획사는 아이돌 가수의 발굴과 데뷔를 통해 수익을 얻기 때문에 투자와 수익 중심의 운영 방식에 집중한다. 그러다 보니 그 과정에서 아이돌 가수를 준비하는 연습생들의 학교생활 병행 문제와 개인 시간 부재라는 상황의 심각성에 대해서는 전혀 고민하지 않는다. 또한 이러한 문제가 쉽게 해결되지 않는 이유는 연습생 스스로 문제의 심각성을 알고 있다고 해도 여전히 마음 한편에 열심히 노력하면 성공할 수 있다는 '성공신화'가 크게 작용하고 있기 때문이다.

아이돌 가수 데뷔를 원하는 10대는 해마다 늘고 있지만, 그 중 극소수만 데뷔하는 구조다. 미국, 프랑스, 독일 등 주요 국가에서는 연예매니지먼트사업자가 직업 알선 같은 에이전트 업무를 주로 수행하는 것을 고려하면,[1] 아이돌 가수 데뷔 과정에 기획사가 깊이 관여하는 방식은 한국 연예매니지먼트산업의 독특한 구조라고 할 수 있다. 다만 일본은 우리나라와 유사하게 연예매니지먼트사업자가 매니지먼트 업무와 에이전트 업무를 병행하

1 공정거래위원회(2011), 〈연예매니지먼트 산업 실태와 경쟁정책적 평가〉, 21-40쪽.

여 실시하고 있다.[2]

국내에서는 몇 년 전부터 연예매니지먼트 관련 문제가 불거지면서 표준계약서를 마련하고 기획사 등록제 등을 실시해 그간의 문제를 해결하기 위해 꾸준히 노력해왔다. 하지만 수요와 공급의 불균형, 아이돌 가수로 성공한 뒤 따라오는 높은 부의 축적, 팬덤의 적극적이고 다양한 활동 등으로 인해 10대는 자신이 겪는 어려움과 문제를 스스로 덮고 해결하는 방식을 선택한다. 문제가 발생해도 이를 해결하기 위해 외부에 도움을 요청하거나 부모에게 도움을 요청하기가 쉽지 않다는 것이다. 이처럼 기획사의 아이돌 연습생 훈련 과정은 우리 사회의 모순을 압축적으로 보여준다. 무한경쟁사회에서 실패의 원인을 개인의 능력과 역량 미비로 규정하는 결론 도출 방식이 크게 다르지 않은 것이다. 더욱이 아이돌 연습생들이 10대라는 점이 더욱 절망감을 느끼게 한다.

아이돌 가수들이 무대 위 짧은 시간 동안 대중의 관심을 끄는 방법으로 선택하는 것이 바로 '이미지'다. 아이돌 가수 시장의 경쟁이 심화되면서 더 많은 대중의 관심을 얻기 위해서는 여러 명이 합을 맞춰 춤을 추는 군무, 날씬한 몸이나 사회에서 아름

2 백승혁(2012), "연예기획사 등록제 도입과 연예매니지먼트 산업 활성화 방안: 한국과 일본 사례비교분석", 《코카포커스》, 2012-07, 한국콘텐츠진흥원, 25-27쪽.

답다는 기준에 부합하는 얼굴 등의 이미지가 준비되어야 한다는 것이다. 아이돌 가수들은 이제 팀과 팀 간의 경쟁이 아닌 기획사가 요구하는 미디어의 기준과 대중의 기준에 부합하기 위해 스스로 관리하고 스스로와 경쟁하는 상황에 들어섰다. 이러한 상황이 보편화되면서 아이돌 가수로 데뷔하기 위해서는 대중이 요구하는 미적 기준에 딱 맞는 외모를 갖춰야 한다. 기획사에서는 연습생들에게 이러한 미적 기준을 요구하고, 선택지가 없는 10대는 이에 부합하기 위해 혹독한 다이어트를 한다.

아이돌 가수들의 활동을 노동 과정으로 보고 그 과정에서 나타나는 문제에 대한 논의도 확장시켜 분석해야 한다. 박성모(2015)는 아이돌 그룹의 사회적 인기 때문에 은폐된 문제 중 하나로 임금노동자로서 아이돌 그룹을 상정하고, 아이돌 가수들이 다른 산업 부문에 속한 임금노동자의 열악한 조건보다 조금도 덜하지 않음을 제시한다. 즉, 아이돌 그룹은 인기 있는 연예인의 외양을 가진 소외된 문화노동자라는 것이다.[3]

이미 몇 년 전부터 한류열풍과 아이돌 가수들의 인기가 높아지면서 연예인 지망생[4]도 급증했지만, 이들을 보호하고 육성

3 박성모(2015), "자본주의 사회에서 나타나는 아이돌 그룹의 소외", 《사회과학연구》 31(1), 275-301쪽; 이종임(2016), "한류담론에서 재현되는 여성/담론: 케이팝 아이돌 걸그룹의 뮤직비디오 속 이미지를 중심으로", 《인문사회 21》 7(6), 429쪽.

4 사회에서는 '연예인 지망생'이라는 표현을 쓰지만, 그들 대부분이 아이돌 가수

하는 데 필요한 법과 제도는 마련되지 않았다. 그로 인해 연예인 지망생들의 인권침해 문제가 사회적 이슈로 등장하게 되었다. 연예인 지망생은 이미지 손상을 우려해 자신의 문제를 드러내는 데 소극적일 수밖에 없다.[5]

2013년 발표된 침해 유형과 그 사례를 살펴보면, 먼저 연예인 지망생에 대한 인권침해 유형으로 성적 자기결정권 침해, 신체 자기결정권 침해, 노동권 침해, 재산권 침해, 사생활 침해 등이 있다. 성적 자기결정권 침해 범주에는 성적착취, 성희롱, 스폰서 제안 등이 있고 신체 자기결정권 침해 범주에는 성형수술이나 다이어트 권유 · 강요, 신체 조건에 대한 비판 등이 있다. 또한 노동권 침해 범주에는 과도한 기회비용 지급, 불공정 계약, 캐스팅 관련 사기 등이 있고, 재산권 침해 범주에는 보증금 사기, 고이자 대출상품 소개 등이 있으며, 사생활침해 범주에는 사생활 구속이나 간섭, 사생활 폭로, 개인적 유포 등이 있다.[6] 연예인 지망생에 대한 인권침해 문제의 심각성이 전해지면서 연예기획사

연습생에 해당한다. 가수 분야에서 기획사 중심으로 연습생을 육성하는 특징을 보이기 때문이다.

5 2009년 국가인권위원회가 '여성연예인 인권침해 실태조사'를 실시했지만, 민감한 조사 내용과 관련 실태를 충분히 조사하지 못해 아쉬움이 컸다. 연예인 지망생에 대한 심층면접조사에서는 표본집단이 4명에 불과했다.

6 이덕민(2013), 〈연예인 지망생 인권 실태 및 보호 방안 학술 세미나 결과 보고서〉, 국회인권포럼 · 국회의원 황우여 · 국회입법조사처, 35-40쪽.

주도의 불공정 계약과 인권침해 문제를 해결하기 위해 표준계약서 마련, 대중문화예술 기획업의 등록제, 대중문화예술 종합정보시스템 구축 등 다양한 노력이 이루어지고 있다.[7]

예술에서 대중문화로, 그리고 지금의 한류산업 육성까지 대중문화산업의 영향력은 예측 불가능하다. 문화산업에서 수행하는 활동은 노동의 문제와도 분리할 수 없으며, 기획사와의 계약관계, 음원수익, 방송사의 리얼리티 프로그램 출연, 다양한 오디션 프로그램 등 아이돌 가수와 케이팝이 생산하는 미디어 콘텐츠는 무궁무진하다. 하지만 이러한 콘텐츠의 기반이 되고 콘텐츠 생산에 중요한 동인인 아이돌 가수의 활동이 갖는 문제들도 함께 고민해야 할 시기가 되었다.

7 이종임(2018), 《아이돌 연습생의 땀과 눈물》, 서울연구원, 156-161쪽.

REFERENCE
참고문헌

국내문헌

강내영(2012), "중국 문화산업 발전역정과 특징 연구: '정부주도형 시장화 발전모델'", 《중국문학연구》 48, 119-156쪽.

강성화, "마르크스-철학수고", 《철학사상》 5(8)(별책).

강이수(2015), "문화노동의 특성과 젠더의 문제: 영국 창조산업 논의를 중심으로", 《한국여성학》 31(2), 181-211쪽.

공정거래위원회(2011), 〈연예매니지먼트 산업 실태와 경쟁정책적 평가〉.

김수아(2011), "걸그룹 전성시대 당신이 상상하는 것들", 이동연 엮음, 《아이돌》, 이매진.

김수아(2013), "K-POP과 신한류에 대한 텔레비전 담론: 다큐멘터리 프로그램의 글로벌 성공 이야기 구조를 중심으로", 《언론정보연구》 50(1), 45-83쪽.

김수정 · 김수아(2013), "아이돌 리얼리티 쇼를 통한 정체성 표상방식에 관한 연구", 《한국방송학보》 27(2), 76-114쪽.

김수정(2012), "동남아에서의 한류의 특성과 문화취향의 초국가적 흐름", 《방송과 커뮤니케이션》 13(1), 5-53쪽.

김영찬 · 이동후 · 이기형(2006), 〈한류 미디어 컨텐츠의 정치적, 문화적 함의 연구〉, 한국언론학회 세미나 발표글, 한국언론학회.

김예란(2011), "아이돌 공화국: 소녀산업의 지구화와 소녀육체의 상품화", 《한국언론학회 세미나 자료집》.

김진영(2014), "중국반환 이후 홍콩 영화산업의 변화",《문화정책논총》28(1), 137-154쪽.

김호영 · 윤태진(2012), "한국 대중문화의 아이돌(Idol) 시스템 작동방식: 아이돌 문화 생산 · 소비의 이중적 구조에 대한 탐색적 연구",《방송과 커뮤니케이션》13(4), 45-82쪽.

김훈순 · 김민정(2004), "팬픽의 생산과 소비를 통해 본 소녀들의 성 환타지와 정치적 함의",《한국언론학보》48(3), 330-353쪽.

노규성(2014),《플랫폼이란 무엇인가》, 커뮤니케이션북스.

데이비드 헤스몬달프 · 사라 베이커(2016),《창의 노동과 미디어 산업》, 안채린 옮김, 커뮤니케이션북스.

류한석(2016),《플랫폼, 시장의 지배자》, 코리아닷컴.

류희선 · 진소연(2012), "국내 아이돌음악에 대한 청소년 인식 연구",《방송과 커뮤니케이션》13(4), 167-202쪽.

리처드 세넷(2009),《뉴캐피탈리즘: 표류하는 개인과 소멸하는 열정》, 유병선 옮김, 위즈덤하우스.

리타 펠스키(1998),《근대성과 페미니즘》, 김영찬 · 심진경 옮김, 거름.

문화체육관광부 · 한국문화산업교류재단(2012), 〈해외한류조사결과보고: 아시아, 미주, 유럽 지역 대상〉.

문강형준(2011), "우상의 황혼: 한국사회에서 아이돌은 어떻게 소비되는가",《시민과 세계》17, 281-296쪽.

마셜 밴 앨스타인 · 상지트 폴 초더리 · 제프리 파커(2017),《플랫폼 레볼루션》, 이현경 옮김, 부키.

미래창조과학부 · 방송통신위원회(2013), 〈2013년 방송산업실태조사보고서〉.

미셸 푸코(2002),《자기의 테크놀로지》, 이희원 옮김, 동문선.

미셸 푸코(2004),《성의 역사 3》, 이혜숙 옮김, 나남.

박광만 · 최병철(2018), "MCN 산업 동향분석",《전자통신동향분석》33(2), 22-29쪽.

박근서(2011), "아도르노의 문화산업론",《현대사상》8, 95-108쪽.

박성모(2015), "자본주의사회에서 나타나는 아이돌 그룹의 소외",《사회과학연구》31(1), 275-301쪽.

박소현(2016), 〈위기의 시대와 미술관의 또 다른 미래: 뮤지엄 액티비즘을 중심으로〉, 국제심포지엄 〈미술관 인포메틱스 심포지엄 II〉, 국립현대미술관.

박수옥(2009), "일본의 혐한류와 미디어내셔널리즘: 2ch와 일본 4대 일간지를 중심으로", 《한국언론정보학보》 47(2009년 가을), 120-147쪽.

박지혜(2017), 〈국내 1인 미디어시장 현황 및 발전 가능성〉, KIET산업경제분석.

발트라우트 포슈(2001), 《몸 숭배와 광기》, 조원규 옮김, 여성신문사.

박석철(2015), "규제와 규제완화: 타이완과 우리나라 방송사업자 진입규제 완화의 파급효과를 중심으로", 《현대사회와 정치평론》 17, 79-96쪽.

백승혁(2012), "연예기획사 등록제 도입과 연예매니지먼트 산업 활성화 방안: 한국과 일본 사례비교분석", 《코카포커스》, 2012-07, 한국콘텐츠진흥원.

샌더 L. 길머(2003), 《성형수술의 문화사》, 곽재은 옮김, 이소.

성미경(2017), "링크로 연결하는 음악콘텐츠: 지드래곤 USB 음반 발매가 던지는 함의", 《KOCCA 이슈분석》 17-10.

서동진(2012), "창의적 일로서의 미디어 노동?: 미디어 노동의 문화경제 분석을 위한 시론", 《한국언론정보학보》 57(1), 33-48쪽.

설진아(2010), 〈글로벌 미디어와 방송콘텐츠 해외 진출방향: 지역화 vs 세계화〉, 한국방송학회.

손승혜(2011), 〈유럽의 한류와 K-pop 팬덤 형성〉, 《한류 2.0시대 진단과 분석》, 한국언론학회 세미나, 77-98쪽.

수잔나 D. 월터스(1999), 《이미지와 현실 사이의 여성들》, 김현미 옮김, 또하나의 문화.

수전 보르도(2003), 《참을 수 없는 몸의 무거움》, 박오복 옮김, 또하나의 문화.

신용문(2015), "한 · 중 방송 콘텐츠 교류 현황과 향후 대응방안", 《방송문화》 400.

신현준(2005), "K-pop의 문화정치(학): 월경(越境)하는 대중음악에 관한 하나의 사례연구", 《언론과 사회》 13(3), 7-38쪽.

심광현(1986), "예술(작품)의 자율성과 사회적 실천(노동)으로서의 예술", 《헤겔연구》 3, 94-132쪽.

심두보(2012), "다양한 외래문화를 선택적으로 수용할 뿐", 《신문과 방송》 498, 2012년 6월호.

_____(2013), "동남아시아의 한류: 싱가포르의 경우를 중심으로", 《동남아시아연구》 23(1), 277-311쪽.

_____(2016), "중국의 문화굴기와 한국 문화산업: 한류는 차이나 머니의 파고(波高)를 뛰어넘을 수 있을까?", 《인문사회 21》 7(4), 833-858쪽.

안토니오 네그리 외(2005), 《비물질노동과 다중》, 서창현 외 옮김, 갈무리.

앙리 아르봉(1981), 《마르크스주의와 예술》, 오병남 외 옮김, 서광사.

오경미(2018), "예술노동 논쟁 재고찰: 철학적 개념 논쟁을 넘어 현장으로", 《서양미술사학회논문집》 48, 29-51쪽.

원용진 · 김지만(2011. 8), "연성국가주의에 편승한 연예기획사와 한류의 미래", 〈한류 2.0 시대의 진단과 분석〉, 한국언론학회 세미나 발표문, 27-51쪽.

원용진 · 김지만(2012), "사회적 장치로서의 아이돌 현상", 《대중서사연구》 18(2), 319-361쪽.

유승호(2018), "문화산업의 가치적 전환", 《인문콘텐츠》 49, 9-42쪽.

윤선희(2012), "신한류 수용의 문화적 맥락과 여성의 정체성에 대한 연구", 《한국방송학보》 26(2), 46-86쪽.

윤재식 · 박영일(2011), 〈신한류와 방송콘텐츠의 글로벌화 방안〉, 한국방송학회 세미나, 7-25쪽.

이기형(2005), "탈지역적으로 수용되는 대중문화의 부상과 '한류현상'을 둘러싼 문화정치", 《언론과 사회》 13(2), 189-213쪽.

이덕민(2013), 〈연예인 지망생 인권 실태 및 보호 방안 학술 세미나 결과 보고서〉, 국회인권포럼 · 국회의원 황우여 · 국회입법조사처.

이동연(2006), 《아시아 문화연구를 상상하기》, 그린비.

______(2014), "한류의 엔진은 시한폭탄", 《씨네21》 940, 80-81쪽.

______(2015), "예술노동의 권리와 사회적 자본 형성을 위한 예술행동", 《문화과학》 2015년 가을호.

이문행(2011), "국내 연예매니지먼트 회사의 아이돌 스타 육성 전략에 관한 연구: SM 엔터테인먼트를 중심으로", 〈한류 2.0시대의 진단과 분석〉, 한국언론학회 세미나 발표문.

이상기(2015), "한중FTA 타결과 국내 미디어 산업의 중국 진출: '반짝 특수' 안되게 장기 숭부수 준비해야", 《신문과 방송》 529, 74-79쪽.

이상용(2016), "한류 방송콘텐츠 지속 발전을 위한 컨트롤 타워 로드맵 구축 방안", 한국문화산업교류재단, 〈한류세미나 발제집〉.

이수안(2014). "대중문화 공연에 재현되는 양극화된 젠더 디스플레이와 몸 이미지의 성애화 방식", 《한국여성학》 30(4), 233-268쪽.

이종임(2013), 《신한류와 문화이동의 지형학》, 논형.

_____(2014), "초국적 문화수용의 텍스트가 필요하다", 《씨네21》 940, 94쪽.

_____(2016), "방송 한류의 정체성과 경쟁력 확보 방안 모색: 중국 자본의 유입에 따른 국내 방송 컨텐츠 시장의 변화를 중심으로", 한국언론학회 세미나 자료집, 《한국방송콘텐츠 제작 생태계의 현안과 개선 과제》.

_____(2016), "한류문화에서 재현되는 여성/담론: 케이팝 아이돌 걸그룹의 뮤직비디오 속 이미지를 중심으로", 《인문사회 21》 7(6), 413-430쪽.

_____(2018), "JTBC, 뉴스와 예능은 가는 길이 다르다?", 《문화과학》 93, 156-171쪽.

_____(2018), 《아이돌 연습생의 땀과 눈물》, 서울연구원.

_____(2018), "프로듀스48, 경쟁 어디까지 해봤니?", 《방송트렌드&인사이트》 15(2018년 2호).

이수안(2011), "대중문화에서 기호가치로서의 몸 이미지 소비양식", 《문화와 사회》 11, 193-234쪽.

_____(2012), 《이미지 문화사회학: 포스트젠더와 탈경계의 이론적 상상》, 북코리아.

이영자(2006), "몸권력과 젠더: 푸코적 분석틀에서 본 '날씬한 몸'관리", 《한국여성학》 22, 197-233쪽.

이희은(2011), "텔레비전 버라이어티쇼의 사적인 이야기 서술", 《언론과 사회》 19(2), 2-48쪽.

장규수(2011), "한류의 어원과 사용에 관한 연구", 《한국콘텐츠학회논문지》 11(9), 166-173쪽.

_____(2013), 《한류와 아시아류》, 커뮤니케이션북스.

전종근 · 김승년 · 이한석(2017), 〈한류노믹스: 한류의 경제적 효과에 관한 연구〉, 한국문화산업교류재단.

정민우 · 이나영(2009), "스타를 관리하는 팬덤, 팬덤을 관리하는 산업: '2세대' 아이돌 팬덤의 문화실천의 특징 및 함의", 《미디어, 젠더&문화》 12, 191-240쪽.

정용찬(2016), "세대별 스마트폰 이용 특성과 영향력 변화", 《KISDI STAT Report》 16-06, 1-10쪽.

조수선(2015), "국내 뮤직비디오에 나타난 성역할 고정관념: 노래 장르와 성별 차이를 중심으로", 《한국문화콘텐츠학회논문지》 14(7), 58-69쪽.

조영한(2011), 〈아시아의 한류 속에 동아시아 찾기〉, 한국언론학회 2011 봄철 정기학술대회 문화젠더분과 발표 논문.

조한혜정 외(2003), 《한류와 아시아의 대중문화》, 연세대학교출판부.

정수영(2010), "《만화 혐한류(マンガ嫌韓流)》의 이야기 분석을 통해 본 일본 내 혐한류에 관한 연구", 《한국출판학연구》 36(1), 통권 제58호, 187-215쪽.

조정환(2015), 《예술인간의 탄생》, 갈무리.

칼 마르스크(2014), 《경제학: 철학수고》, 강유원 옮김, 이론과 실천.

한국문화산업교류재단(2014), 〈2014 해외한류실태조사보고서〉.

_____(2014), 〈한류 NOW: 2013년 상반기 보고서〉.

_____(2015), 〈한류NOW: 분기별 한류 심층 보고서〉 11호(2015년 여름호).

한류분화산업교류재단 · KOTRA(2015), 〈2014 한류 경제적 효과에 관한 연구〉.

한국콘텐츠진흥원(2011), 〈방송영상 제작스태프의 근로환경 개선에 관한 연구〉.

_____(2013), 〈2013년 콘텐츠 산업 전망(종합편): 2013년 콘텐츠 산업 국내 10대 전망 및 해외 5대 전망〉.

_____(2014), 〈방송포맷 수출활성화 및 현지화 연구〉, KOCCA 연구보고서 14-01.

_____(2014), 〈중국 방송 시장과 온라인 동영상 서비스의 성장〉.

_____(2015), 〈한 · 중 FTA 방송 콘텐츠 부문 대응 방안 연구〉, 15-34쪽.

_____(2016), 《2016 음악산업백서》.

_____(2017), 《2016 콘텐츠산업백서》.

_____(2017), 〈K-POP 글로벌 확산을 위한 음악시장 다변화 전략연구 보고서〉.

헨리 젠킨스(2008), 《컨버전스 컬처》, 김정희원 · 김동신 옮김, 비즈앤비즈.

홍정수(1989), 〈아도르노의 철학〉, 《장신논단》 5, 305-332쪽.

IFPI, 〈Global Music Report 2017〉, http://www.ifpi.org/downloads/GMR2017.pdf

MBC, 《방송문화》 2014년 1월호, 56-59쪽.

KORTA(2011), 〈글로벌 한류 동향 및 활용 전략〉.

국외문헌

Banks, M. (2007), *The Politics of Cultural Work*, New York: Palgrave Macmillan.

Crossley, N. (2005), *Key concepts in critical social theory*, London: Sage.

FRAPA (2009), The FRAPA Report 2009: TV Formats to the world.

Gurtmann, A. (Ed.)(1994), *Multiculturalism: Examining the politics of negoition*, Princeton University Press.

Iwabuchi (2001), *Transnational Japan*, 히라타 유키에 · 전오경 공역, 《아시아를 잇는 대중문화》, 또하나의문화.

Julia Bryan-Wilson (2009), *Art Workers: Radical Practice in the Vietnam War Era*, Berkeley and Los Angles: University of California Press.

Karl Marx (2005), "Economic and Philosophic Manuscripts of 1844," in *Collected Works of Karl Marx & Frederick Engels*, Vol. 3: 1843-1844, New York: International Publishers, pp. 235-246.

Moeran, B. (2001), *Asian Media Productions*, London: Curzon Press.

Oakley, K. (2011), "Research Article: In ite own image: New Labour and the cultural workforce," *Cultural trends*, 20(3-4), p. 281 (281-289).

Phillips, L. & Jorgensen, W. (2002), *Discourse analysis as theory and method*, London: Sage.

Pieterse, J. N. (1995), "Globalization as Hybrization," In M. Featherstone, S. Lash and R. Robertson (eds). *Global Modernities* (pp. 45-68). London: Sage.

Tomlinson, J. (1999), *Globalization and Culture*, The University of Chicago.

Zygmunt Bauman (2004), *Wasted lives: modernity and its outcasts*, Polity Press, 정일준 옮김(2008), 《쓰레기가 되는 삶들: 모더니티와 그 추방자들》, 새물결.

신문기사

강소영, "중국 사드 보복에 멍때린 한중 문화교류, 상호 투자 현황 분석", 《뉴스핌》, 2016. 8. 8.

권란, "너도나도 연예인… '아이돌 고시' 그 현실은?", 〈SBS 8시 뉴스〉, 2011. 7. 3.

김근정, "'별그대' 장태유 감독 영화 '몽상화합인' 29일 中개봉", 《아주경제》, 2016. 4. 28.

김동주, "효민 나이스바디 뮤비, 19세 버전은 따로 있다?", 《파이낸셜뉴스》, 2014. 6. 30.

김동현 · 노유정, "'1조 클럽' JYP엔터, 19개월 만에 6배 뛴 비결", 《한국경제》, 2018. 8. 23.

김상화, "음원 공급, 어떻게 이뤄질까? 음원 시장의 '알쓸신잡'", 《오마이뉴스》, 2017. 8. 5.

김성미, "CJ ENM, 빅히트 손잡고 첫 합작 엔터사 설립", 《더벨》, 2018. 8. 2.

김성호 · 김건우, "'210억+α', 故김종학 PD 빚더미 진짜 이유는…", 《머니투데이》, 2013. 8. 1.

김수헌, “선정성 논란', 아이돌3인방, 처음처럼 광고 중단”, 《한겨레》, 2012. 12. 20.

김유리 · 차현아, “콘텐츠 수출 큰 시장? 중국은 한류에 관심 없다”, 《미디어오늘》, 2016. 1. 3.

김윤정(2016), “남중국해 입장 표명 강요받는 소녀시대 윤아… 그저 인기 탓?”, 《오마이뉴스》, 2016. 7. 13.

김윤지, “중국은 정말 ‘기회의 땅’일까”, 《이데일리》, 2016. 4. 5.

김주완, “부활한 음악산업 일등공신은 ‘스트리밍’”, 《한국경제》, 2018. 6. 8.

김진경, “‘SM타운’, 샤이니 종현 ‘완전체 오랜만… 사월 덕에 힘내’”, 《일간스포츠》, 2017. 7. 8.

김현식, “‘슈스케7’ 악마의 편집, 심사위원 가인도 당했다”, 《CBS 노컷뉴스》, 2015. 9. 4.

박미애, “걸그룹 선정성, 어디까지… 섹시 춤에 이어 제목까지”, 《이데일리》, 2014. 12. 17.

박상은, “‘연습생들은 알까’ 프로듀스101, 무허가 기획사 무더기 출연”, 《국민일보》, 2016. 3. 9.

박서현, “박서준, 7월 男광고모델 브랜드평판 1위… 2위 강다니엘 3위 공유”, 《헤럴드POP》, 2018. 7. 29.

박세연, “트와이스, CHEER UP 뮤직비디오 K-POP 아이돌 최단 유튜브 1억뷰 돌파”, 《인사이트》, 2016. 11. 17.

박아름, “틴탑 창조, 데뷔 후 조울증 겪어… 외모 콤플렉스 있다”, 《헤럴드POP》, 2016. 11. 16.

박호현, “‘BTS’ 소속사 빅히트, 기업가치 8,000억선에 평가돼… IPO도 당분간 수면 밑으로”, 《서울신문》, 2018. 10. 12.

백승기, “트와이스, ‘TT’ 뮤직비디오 3억 5,000만 뷰 돌파 ‘한국 여성 아티스트로 최초’”, 《머니투데이방송》, 2018. 5. 2.

서병기, “K팝 한류, 앞으로가 문제”, 《헤럴드POP》, 2011. 7. 12.

세계일보 이슈팀, “‘태양의 후예’ 중국에서도 인기 뜨겁다… 한국 넘어 아시아까지 ‘중기 시대’ 열풍”, 《세계일보》, 2016. 3. 17.

송현경, “보편적 사회보험 체계에 예술인 편입”, 《내일뉴스》, 2018. 8. 14.

스포츠조선, “리지, SNS 독도 사진에 日네티즌 ‘인신공격성 비난 폭주’”, 《스포츠조선닷컴》, 2016. 7. 26.

______, “아이돌, ‘19禁’만이 살길일까?”, 《스포츠조선》, 2013. 5. 3.

신세미, “문화사적으로 살핀 ‘미인 콤플렉스’”, 《문화일보》, 2011. 3. 4.

양승준, “‘태양의 후예’ 中 방송선 사라진 북한군”, 《한국일보》, 2016. 3. 30.

엄지영, “광복절 행사 일본어 의상 가수에 시끌”, 《국민일보》 24면 2단, 2015. 8. 18.

연합뉴스, "'사전제작의 함정'… '함부로 애틋하게'이제 손 댈수가 없다: 중국시장 공략의 딜레마", 《연합뉴스》, 2016. 7. 29.

______, "태양의 후예, 중국에서 영화로 만들어진다", 《연합뉴스》, 2016. 7. 4.

오광형, "태양의 후예 OST 중국에서 60만장 20억 매출", 《국민일보》, 2016. 5. 26.

유지성, "케이팝의 바깥사정", 《GQ》, 2012. 3. 23.

이규탁, "방탄소년단의 미국 시장 진입: 새로운 시대의 새로운 케이팝 한류", 한국국제문화교류진흥원, 2018. 8. 31.

이대희, "예술인도 노동자… '예술인 노조' 뜬다", 《프레시안》, 2012. 8. 26.

이민아, "스튜디오드래곤, 미스터선샤인 넷플릭스 판매 최소 287억", 《조선비즈》, 2018. 6. 22.

이예은(2018), "'연중' 더 이스트라이트 이승현 피해 ing… 김창환 "너네끼리 잘해봐"", 녹취록 공개 [夜TV], 《마이데일리》, 2018. 10. 27.

이은주, "사드로 막힌 한류… 새 길 찾아온 차이나 머니". 《서울신문》, 2016. 10. 18.

이종임. "방탄소년단의 음악 오디세이", 《경희대 대학원 신문》 231, 문화비평, 2018. 10. 20.

장영, "'방탄소년단' 3집 앨범 빌보드 200 1위, 새로운 역사를 썼다", 《미디어스》, 2018. 5. 28.

장영준, "'1대100' 김세정, 데뷔 전 20여개 기획사 철저히 뒷조사", 《헤럴드경제》, 2017. 1. 3.

______, [종영 '함부로 애틋하게'] ① "사전 제작의 흑역사가 되다", 《헤럴드경제》, 2016. 9. 9.

정두리, "정부, 방송제작지원 사업 내 외주 불공정 거래 뿌리뽑는다", 《아주경제》, 2018. 2. 1.

정민경, "한국, 중국의 방송콘텐츠 '하청국가'로 전락할 수도", 《미디어오늘》, 2016. 1. 20

정재림, "태양의 후예, 한중합작으로 대박은 났지만… 제2의 '태후'나올 수 있을지 의문", 《주간무역》, 2016. 5. 19.

정진영, "오바마 미 대통령 '반미 논란' 싸이 공연 참석", 《헤럴드경제》, 2012. 12. 10.

정희준, "싸이의 '포르노 한류', 자랑스럽습니까?", 《프레시안》, 2013. 4. 18.

조우영, "영국팬은 왜 YG를 택했나", 《이데일리》, 2011. 7. 10.

조윤영, [돌아온 日 한류] 〈上〉 "10대 소녀들이 부활시킨 케이팝 열풍", 《뉴시스》, 2017. 12. 4.

조혜련, "장태유 첫 영화, 중국까지 뒤흔든 '별그대' 열풍 이을까", 《TV리포트》, 2016. 4. 25.

체리블로거, "MAMA, 선정성 논란, 가인의 노출수위가 아쉬운 이유", 《미디어스》, 2012. 12. 1.

최민호, "강다니엘 언젠간 터졌을 건강문제, 무리한 스케줄 보니…", 《헤럴드경제》, 2017. 12. 6.

최상진, "'명단공개' 원빈, 이종석, 박보검 모두 아이돌 연습생 출신?", 《서울경제》, 2016. 10. 24.

최주용, "싸이 '강남스타일' 뮤직비디오 유튜브 30억뷰 돌파, 韓 최초 · 최고 기록", 《조선일보》, 2017. 11. 26.

파이낸셜뉴스, "빌보드 K 팝 차트 신설, 아시아에서는 두 번째, '첫 1위는 씨스타'", 《파이낸셜뉴스》, 2011. 8. 26.

파이낸셜뉴스, "아이돌 직설적 가사와 19禁 뮤직비디오가 트렌드?", 《파이낸셜뉴스》, 2013. 5. 16.

하성태, "'굶어죽은 불쌍한 최고은'… 이게 다가 아니다… 고 최고은 감독의 죽음으로 되돌아본 영화노동자의 현실", 《오마이뉴스》, 2011. 2. 10.

한경비즈니스 뉴스팀, "씨엘, 무대의상 선정성 논란, 속옷이냐 퍼포먼스냐", 《한경비즈니스》, 2013. 6. 10.

황지혜, "남중국해 판결에 유역비, 빅토리아, 차오루, 판빙빙 등 中 연예인 발끈", 《동아일보》, 2016. 7. 13.

황혜진, "'싸이부터 방탄까지' 유튜브 1억뷰로 증명된 K팝 대세 계보", 《뉴스엔》, 2016. 10. 25.

Bzconomist, "2017년 대한민국 아이돌 산업 리뷰", 《경영 경제 금융 놀이터》, 2018. 1. 31.

CJ ENM, "방탄소년단 소속사와 합작회사 설립", 《연합뉴스》, 2018. 7. 31.

인터넷 사이트

방송통신위원회, www.kcc.go.kr

애플뮤직, www.applemusic.co.kr

오마이스타, http://star.ohmynews.com

INDEX
찾아보기

ㅎ

ABC